최고의 기업이
당신을 선택하게 하는 비결

최고의 기업이

당신을
선택하게
하는 비결

한근주 지음

매일경제신문사

나는 20년이 넘는 직장생활을 하면서 쉼 없이 달려왔다. 공부에 대한 욕심도 버릴 수 없어서 직장생활과 대학원 생활도 병행해가며 바쁘고 성실하게 살아왔다. 그렇게 열심히 달려오다 보니, 어느덧 아름다운 은퇴는 무엇일까를 조심스럽게 생각하는 나이가 되었다.

그래서 요즘은 나의 전문성을 조직에서 벗어나도 유지할 수 있을까, 왜 은퇴 후에는 새로운 업종으로 직업을 바꾸어 살아가는 사람들이 많을까 하는 의문을 갖게 된다.

나뿐만 아니라 대부분 직장인은 인생의 3분의 1 이상을 회사에서 보낸다. 그래서 은퇴 후 나에게 남는 것은 월급만이 아닐 것이라고 간절히 믿고 싶다. 분명 내가 배운 것들을 토대로 직업을 이어갈 수 있을 것이라고, 분명히 은퇴가 아니더라도 조직에서 벗어나 독립을 선언하더라도 자생할 수 있는 능력을 갖출 수 있을 것이라고 믿는다.

일하는 환경은 계속해서 변해왔고 그 속에서 나도 끊임없이 변화하고 성장했다. 내가 사회생활을 처음 시작할 때와 지금을 비교하면, 성공에 대한 관점도 완전히 달라졌다. MZ세대들은 더 이상 회사에

충성하지 않고, 돈보다도 여유 시간의 행복을 선택한다.

그러나 은퇴를 고민하는 나와 같은 세대들과 이제 막 사회생활을 시작하는 요즘 세대들 사이에도 공통점은 있다. 그 공통점은 바로 내가 조직에서 성공하는 방법, 그리고 조직을 벗어나도 성공할 수 있는 방법이 무엇인지에 대한 관심이다.

조직에 순응하는 것이 미덕인 줄 알았던 나의 과거는 안타깝지만 이제는 잊어야 한다. 참으로 다행스럽게도 요즘 세대들은 조직보다는 자신이 우선인 삶을 살아가고 있다. 세상이 많이 변했다는 생각이 들기도 하고, 그런 생각을 가지고 사회생활을 시작한다는 점에서 요즘 세대들이 부럽기도 하다. 하지만 그런 생각이 혹시 개인주의가 아닌 이기주의에서 비롯된 것은 아닐까 하는 조심스러운 염려도 해보게 된다.

일률적인 제도가 아닌 다양한 제도 속에서 성장하는 요즘 세대들은 나와 같은 엄격한 제도하에서 조직생활을 경험한 세대들과는 확실히 다르다. 그들이 조직의 기본 룰을 아예 모른 채 개인주의적인 사고만 할까 걱정이 되기도 한다.

조직과 내가 어우러져 공동의 목표를 가지고 의미 있는 결과를 만들어내기 위해 허용되는 것이 개인주의일 뿐, 개인의 자유만을 강조하는 것이 되어서는 안 된다는 점을 요즘 세대들이 놓치고 있는 것은 아닌지 걱정스럽다. 자유는 의무를 전제로 허용되는 것이기 때문이다. 조직의 일원이 된다는 것이 어떤 의무가 지워지는 것인지 인지하는 것이 필요하다.

나는 대학을 졸업하고 나에게 맞는 회사는 어떤 회사일까 끊임없이 고민했다. 대학 4학년 졸업을 앞두고 친구들과 함께 취업지도실의 공문을 찾아보고 컴퓨터실에 앉아서 입사지원서를 쓰던 때가 떠오른다. 누구나 가고 싶어하던 대기업에 별 생각 없이 지원하고, 서류에 합격한 후에는 대기업은 싫다며 스타트업이나 외국계 회사로 관심을 돌렸던 나였다.

아주 어릴 때부터 나는 유난히도 정형화된 삶을 사는 것이 싫었던 것 같다. 학교에 다닐 때도 왜 다 같이 같은 교실에서 같은 과목의 수업을 들어야 하는지가 궁금했다.

회사생활에서도 의문은 끊이지 않았다. 다만, 사회성을 갖추게 된 덕에 허용된 범위 안에서의 자유로운 생각과 행동을 해왔다. 그 생각의 자유로움 때문에 조직이라는 틀 속에서 유난히 답답함을 많이 느끼기도 했지만, 그 자유로움이 고인 물이 되지 않고 꾸준히 나를 발전시켜나갈 수 있는 원동력이 되기도 했다. 그리고 주어진 환경 내에서 나의 의무를 다하고, 내 생각을 발전시켜나가며 무언가를 만들어갈 수 있는 것이 얼마나 소중한 기회들인지를 점점 깨닫게 되었다. 내가 해보고 싶은 것을 회사라는 울타리 내에서 안전하게 보호받으며 해볼 수 있다는 것이 얼마나 감사한 일인가.

철없던 시절에는 받은 만큼만 일하는 것이 맞다고 생각하고 힘들면 투덜거리기 일쑤였다. 하지만 생각해보면 보수를 받으면서 경영수업을 받은 것이니 좋은 기회였던 셈이다.

이 책에는 틀에 박힌 삶을 사는 것이 싫어 대기업에 입사할 생각조차 안 하던 내가 스타트업부터 대기업, 외국계 기업 등 다양한 기업을 경험하며 일을 잘한다는 것이 무엇인지, 일이 나에게 어떤 의미여야 하는지, 조직을 벗어난 나는 어떤 삶을 살아야 하는지를 되돌아보며 했던 생각들을 담았다.

이제 사회생활을 시작하는 세대들에게 도움이 되는 내용이기를 바라고, 또한 내가 그들에게 커리어를 설계해나가는 법, 일을 잘하는 법에 대해 도움을 줄 수 있는 사람이 되기를 바란다.

앞으로 직장생활을 얼마나 더 하게 될지는 모르지만, 직장을 떠나더라도 나의 경험들을 토대로 후배들에게 좋은 이야기를 해줄 수 있는 멘토가 되어주고 싶다. 진심 어린 격려와 상담으로 후배들이 나와 같이 먼길을 돌아가지 않고 본인의 길을 바로 갈 수 있게 도와줄 수 있다면 좋겠다.

나는 나를 찾기 위해 수없이 이직을 했고, 그때마다 각 조직의 특성과 나를 임팩트 있게 소개하는 방법, 나의 커리어를 쌓아나가는 방법에 대해 많은 깨달음을 얻었다. 어떻게 하면 많은 사람이 필요로 하는 사람이 될 것인가, 어떻게 하면 내가 해온 일들을 잘 설명할 수 있는 이력서를 만들 수 있을까도 고민해왔고, 더 나은 인재가 되기 위해 어떤 점들을 보완해나가는 것이 좋은지도 치열하게 고민하고 발전시켜왔다.

그 과정에서 남모르게 힘든 일들도 많았고, 많은 것들을 희생하는 삶을 살아야 했지만 후회는 없다. 다만, 나와 같은 고민을 하는 사람들이 있다면 그 고민을 나누고 도움을 주고 싶을 뿐이다.

안타깝게도 뛰어난 능력을 지니고 있으면서도 자신의 가치를 스스로 묻어버리고 월급쟁이로 전락하는 사람들을 자주 보게 된다. 오지랖 넓게 먼저 다가가 조언하는 꼰대가 되고 싶지는 않지만, 적어도 그들이 손을 내밀었을 때 도움을 줄 수 있는 든든한 선배가 되기를 바란다.

나와 직업은 별개의 것이 아니라, 나의 정체성을 나타내는 것이 직업이 되어야 한다고 생각한다. '직장'과 '직업'은 엄연히 다른 것이다. 평생 내가 할 수 있는, 하고 싶은 일을 직업으로 하고 그 일을 할 수 있는 직장을 선택하거나, 나 스스로 일터를 만들어갈 수 있어야 한다.

그러려면 나의 장점이 무엇인지, 그리고 내가 진정으로 하고 싶어 하는 것이 무엇인지를 깨달아야 하고 그것을 바탕으로 나의 정체성을 만들어가는 것이 필요하다. 내 정체성을 만들어가는 것은 곧 나를 브랜딩하는 과정이며, 그것이 곧 삶을 가치있게 만들어가는 과정이 될 것이다.

누구나 처음은 있다. 처음 시작하는 일이라고 두려워할 필요는 없다. 자신감을 가지고 내가 할 수 있는 일들을 꾸준히 해나가면 나만의 길을 만들고 남들을 따라오게 할 수 있을 것이다. 성공할 수 있다는 자신감과 이루고자 하는 소중한 목표가 있디면 된다.

이 책이 사회생활의 첫걸음을 내딛는 누군가에게, 또는 자신만의 새로운 길을 만들고자 하는 누군가에게 힘이 되기를 바란다. 우리는 모두 성공의 대열에 오를 수 있다.

한근주

목차

1장

최고의 자리에
오른 사람은
무엇이 다른가

01

스펙은 시작일 뿐이다

대한민국은 지금 스펙 전쟁 중이다. 2021년 취업 대졸자 평균 스펙은 토익 886점, 자격증 보유율 65%라고 한다. 그뿐만이 아니다. 영어 말하기 점수, 사회봉사 경험, 인턴십 경험, 해외 체류 경험, 공모전 수상 경험 등 취업준비생(취준생)들은 다양한 스펙을 쌓고 있다.

누구나 인정할 만한 학력이 있다면 다른 스펙은 필요하지 않을 수 있다. 하지만 상대적으로 학력이 열세인 사람은 부족한 점을 보완하기 위해 각종 자격증과 시험점수를 확보하려고 한다. 그렇게 쌓은 스펙이 직장에서 얼마나 유용할지는 잘 모르겠다.

학점도 좋아야 하고, 사회 봉사활동도 많이 해야 하고. 대한민국의 취준생들은 못하는 게 없는 슈퍼맨이 되어야 한다. 하지만 이제는 비슷비슷한 슈퍼맨이 너무 많아서 그 누구도 눈에 띄지 않는다. 스펙을 향상시켜주는 자기계발 학원들만 성공할 뿐이다. 지금 취준생들은 학자금 대출도 못 갚고 실패만 거듭하는 이른바 '고스펙 거지'로 전락하고 있다.

그렇게 어렵게 쌓은 스펙은 계속 유효할까? 나는 대학교 4학년 때 IT 관련 자격증을 취득하고 6개월간의 전문가 과정을 수료한 후, IT 분야에 취업해서 사회생활을 시작했다. 물론 IT 지식이 전혀 없는 사람보다는 업무 이해도가 높았지만, 자격증 취득은 이력서에 한두 줄 적을 수 있는 정도였을 뿐이었다. 그 이상은 업무에 크게 도움이 되지 않았다.

심지어 기술이 빠르게 변하고 발전해 내가 취득한 자격증은 2년 만에 쓸모가 없어졌다. 새롭게 등장한 기술을 또 배워야만 살아남을 수 있었다. '밑 빠진 독에 물 붓기'처럼 끊임없이 신기술을 습득해 나가야만 했다. 평생 자기계발만 하다가 사회생활이 끝날 것 같았다.

'시대가 변해도 통용될 수 있는 능력이나 자격은 없을까?' 하는 생각에 경영대학원에 입학했다. 경영을 알면 그 어떤 자격증도 뛰어넘는 능력을 갖출 수 있을 것 같았다. 하지만 경영도 마찬가지였다. 기업의 생태계가 바뀌고, 성공방식도 끊임없이 변했기 때문이다.

'성공하려면 대체 어떤 능력이 필요한 것일까?' 수년간 나는 답을 찾지 못했다. 나보다 학력이 좋지 않고, 특별한 자격증을 갖고 있지 않은 사람이 초고속 승진을 하는 것을 보며 '왜 나는 안 되지? 성공하는 사람은 태어날 때부터 정해져 있나?' 하는 생각이 들었다.

그래도 학력은 중요한 스펙이 아닐까? 나는 경영대학원을 졸업한 후에도 남들에게 인정받고 싶은 마음에 공부에 열중했다. 그리고 시대의 흐름에 맞추어 빅데이터 학위도 취득했다. '이 정도면 나도 당당하게 인정받고 성공 가도를 달릴 수 있을 거야!'라고 자신했다.

하지만 공부를 통해 얻은 지식은 사회에서는 크게 인정받지 못했다. 그렇게 공부한 것을 바탕으로 내가 일하는 분야에서 어떤 업적을 이루었는가가 더 중요했다. 스펙 쌓기에 열중하기보다 그 시간에 직장에서 의미 있는 성과를 만들어내는 것이 더 중요하다는 것을 한참 뒤에 깨달았다.

채용 인터뷰를 할 때 우리는 자기소개를 한다. 사회초년생은 어느 학교에서 어떤 전공을 했는지 이야기하겠지만, 경력자는 보통 학교를 이야기하지 않는다. 정말 특별한 전공을 했을 경우가 아니라면 어떤 회사에서 어떤 일을 했는지를 중심으로 인터뷰가 이어진다.

나는 어쩌면 회사에서 열심히 일해 성과를 올릴 자신이 없어서 다른 무기를 만들려고 했던 것은 아니었을까? 아니면 현실에 만족하지 못해 다른 미래를 준비하고 싶어서는 아니었을까?

우리에게 진짜 필요한 스펙은 무엇일까? 요즘 기업체의 채용 조건은 스펙을 초월하는 추세다. 단순히 학력, 자격증 등을 보는 것이 아니라 능력, 인성, 면모를 평가한다. 고학력자가 일을 잘한다는 공식은 깨졌기 때문이다.

조직에 얼마나 잘 적응하는가, 업무학습 속도는 얼마나 빠른가, 얼마나 일에 대한 열정이 있는가가 더 중요하다. 똑똑하기만 한 사람은 다른 사람의 의견을 잘 받아들이지 않는 경우가 있다. 조직에서는 혼자 일하지 않는다. 그 때문에 개인의 능력보다 함께 일하는 방법을 아는 사람이 더 중요하다.

조직 생활은 축구 경기와 같다. 협동력, 책임감, 팀워크가 중요하다. 축구는 혼자 잘하기보다 팀워크가 뛰어나야 좋은 경기를 펼칠 수 있다. 포지션도 다양하다. 최전방 공격수도 있고 미드필더도 있다. 포지션마다 필요한 역량은 다르다. 조직에서 필요로 하는 인재는 한 가지 유형이 아니다. 자신이 맡은 포지션에서 얼마나 최선을 다해 성과를 만들어낼 수 있는가, 이전에는 어떤 성과들을 만들어냈는가를 보고 인재를 채용한다.

나는 수많은 사람의 이력서를 검토하고 채용 인터뷰를 진행해왔다. 물론 보자마자 관심을 끄는 화려한 이력서들이 있다. 하지만 실제 인터뷰를 진행하는 현장에서는 이력서에 기재된 내용은 더 이상 중요하지 않다.

얼마나 진정성 있게 일했는가, 생각과 태도는 어떠한가를 더 중점적으로 보게 된다. 솔직히 영어성적이나 자격증은 꼭 필요한 포지션이 아니라면 전혀 고려 대상이 아니다. 스펙을 기준으로 판단하고 채용한 후, 업무 성과에 실망한 경우가 많기 때문이다.

나 혼자만의 경험은 아닐 것이다. 모든 기업의 리더들이 같은 경험을 했을 것이다. 그러니 학력이나 재능이 부족하다고, 스펙이 없다고 좌절할 필요는 없다. 첫 출발선이 앞서 있는가 조금 뒤에 있는가의 차이라고 생각하면 된다.

물론 출발선에 서는 것조차 어려운 사람도 있다. 이런 경우 남들이

하는 대로 따라 하기보다 남들이 도전하지 않는 희소성 있는 자격증을 취득하는 것이 좋다.

스펙은 시작일 뿐이다. 스펙은 조직 생활의 첫 관문을 통과하기 위한 수단일 뿐이다. 그보다는 일에 대한 열정이 중요하다. 좋은 총과 칼이 전쟁의 승리를 보장하지는 않는다. 맞서 싸우지 않고 도망갈 준비를 한다면 살아남지 못한다.

운 좋게 살아남았다 해도, 다른 전쟁터에서도 같은 일이 반복된다. 아무리 스펙 좋은 사람이라도 열정이 없다면 그 어떤 일도 완성해내지 못한다.

성공한 사람들의 스펙은 어떨까? 전 애플의 CEO 스티브 잡스(Steven Jobs)는 고졸이었다. 미국의 한 매체는 애플이 잡스 대신 MBA 출신을 영입했다면 아이폰은 세상에 나오지 못했을 것이라고 지적한다. 마이크로소프트 창업자 빌 게이츠(Bill Gates)와 페이스북 CEO 마크 저커버그(Mark Zuckerberg)도 대학을 중퇴했다.

그들은 학력을 완성하는 것보다 자신이 원하는 일에 매진하며 성과를 만들었다. 졸업장보다 일에 대한 열정이 더 중요하다는 것을 증명했다.

성공한 사람들은 자신을 지킬 수 있는 울타리를 만드는 데 시간을 허비하지 않는다. 그들은 자존감이 높다. 자신만의 장점이 무엇인지 알고 당당하게 표현할 줄 안다. 스펙을 뛰어넘는 자신만의 가치관, 일에 대한 열정이 있다.

겉으로만 그럴듯해 보이는 이력서를 만드는 데 몰두하지 말자. 아르바이트를 하더라도 남들보다 더 유능하게 일을 처리하는 능력을 키울 수 있다. 취미생활을 하더라도 단순히 시간을 보내고 즐기는 데만 그치지 않고 남들과 다른 결과를 만들어낼 수 있다.

이런 것들 하나하나가 쌓여 진정한 스펙이 만들어진다. 작은 임무라도, 그것을 완수한 자신만의 방법, 열정, 자신감을 설명할 수 있는 스토리를 만드는 것이 진짜 스펙이다.

나는 진정한 스펙이 무엇인지를 깨닫는 데 너무 오랜 시간이 걸렸다. 그리고 내가 잘하는 것이 무엇인지, 내가 하고자 하는 것이 무엇인지를 찾느라 오랜 시간 방황했다. 남들이 성공에 조금씩 가까워지고 있을 때 방황하느라 시간을 허비한 것이 너무 안타깝다.

이제 사회생활을 시작하는 새내기라면, 혹은 앞으로의 커리어를 고민하는 사람이라면 지금의 나에게 주어진 일에 얼마나 열정적으로 최선을 다하고 있는지 돌아볼 필요가 있다.

그리고 나만의 성공 목표를 만들어라. 목표가 생겼다면 그 목표에 맞는 진정한 스펙을 만들어라. 조금만 찾아보면 좋은 책도 많고, 온라인 무료 강의도 많다. 내가 하고자 하는 일에 대한 전문 지식은 마음만 먹으면 쉽게 접할 수 있다. 대학원이나 학원을 가지 않아도 전문가가 될 수 있다.

그 분야의 전문가와도 얼마든지 소통이 가능한 세상이다. 이미 성공한 사람들을 가까이 두고 그들의 성공방식을 따라 하자. 스펙 뒤에 숨겨진 진정한 성공의 노하우를 깨닫기 시작하는 순간, 나만의 성공 스토리를 만들어나갈 수 있을 것이다.

02

경험은 지식으로 재창조한다

미국의 교육학자인 존 듀이(John Dewey)는 "1그램의 경험이 1톤의 이론보다 낫다"고 말했다. '경험학습 이론'이라는 것이 있다. 진정한 학습은 학습자가 능동적인 참여를 통해 얻은 경험을 통해 이루어진 다는 듀이의 교육 지도 원리다.

그는 교육이란 끊임없이 경험을 재구성하는 과정이라고 말하며 관계와 경험의 중요성을 강조한다. 인간은 환경과 공동체 속에서 상호 작용을 통해 지식과 정보를 획득하고, 경험을 통해 지식과 정보, 사상을 재구성해 나가는 과정으로 성장한다는 것이다.

책상 앞에 앉아서 영어 문법을 암기하는 것보다 실제 외국인과의 대화 한마디가 훨씬 더 효과적이며, 그 경험이 반복되면 훌륭한 학습이 되는 것이다.

직장에서 우리는 종종 학력 중심의 인사를 받아들이고 좌절하고는 한다. 이론으로 무장한 박사들이 CEO로 내정되지만, 실제 경영 현장에서 빛을 발하지 못하는 경우가 많다. 스펙 중심의 인사로 인한 폐해다. 반면, 학력이 부족해도 수십 년의 내공으로 다져진 장인들이 현장에서 사람들을 통솔하며 일을 해내는 것을 보면, 책으로 배운 이론보다 경험을 통해 자신만의 이론으로 만든 것이 얼마나 더 강력한지를 알 수 있다.

책을 배운 지식과 경험으로 배운 지식의 차이는 크다. 물론 책으로 배운 지식으로 실제 수많은 사례를 연구 분석해서 자신만의 지식으로 새롭게 만들어낸다면 인정해줄 만하다. 그것 또한 경험이니까 말이다.

하지만 아무리 훌륭한 지식을 갖춘 사람이라도 현장에 대한 이해 없이 업무를 보고 받고 지시하는 자리에 머무른다면 그 지식은 효용가치가 없어진다. 간혹 현장 사람 몇 명을 인터뷰하고 현장을 다 파악했다고 생각하는 임원이 있다. 과연 임원과 인터뷰하면서 현실적인 문제를 얼마나 꺼내놓을 수 있었을까? 그렇다고 현장에서 시작하는 게 꼭 답이라는 것은 아니다. 지식과 경험을 토대로 현업에 적용하는 응용력을 갖추어야 한다.

일 잘하는 사람들은 일하는 방법도 남들보다 뛰어나지만, 자신만의 고유한 전문 분야 지식이 있다. 특정 분야의 지식을 '도메인 지식'이라고 부르기도 한다. 도메인(Domain)은 인터넷 주소를 가리키는 용어이나, 전문 분야에 대한 지식이라는 의미로 확대 사용되고 있다.

일반적으로 도메인 지식을 가지려면 한 분야에 최소 10년 이상의 경험은 필요하다. 자신의 분야에서 여러 프로젝트를 수행하면서 겪은 성공과 실패의 경험들이 축적되어 자신만의 노하우가 생기기 때문이다. 그 노하우는 일하면서 순간순간마다 자신도 모르게 문제를 해결하면서 사용한다. 자신도 모르게 체화되어 일하는 순간마다 경험을 토대로 의사결정을 하고, 문제를 해결한다.

자신의 경험을 다른 이들에게 전달하기 위해 문서로 정리하기도 하고 세미나 등을 통해 강의하기도 한다. 나의 경험을 문서화한다는 것, 남들에게 교육한다는 것은 나만의 이론으로 만들었다는 의미기도 하다.

경험보다 소중한 지식이 있을까? 전 세계 모든 경영대학원에서는 이론이 아닌 사례를 가르친다. 경영학은 본래 이론이라기보다는 실무 학습에 가깝다. 경영환경은 끊임없이 변하기 때문에 수학이나 과학처럼 변하지 않는 원리가 존재할 수 없는 학문이다. 그래서 끊임없이 변해가는 사례들을 가르치는 것이다.

간혹 오래된 사례들을 가지고 수업을 하는 경영학 교수들도 있지만, 요즘처럼 기업들의 정보가 쏟아지는 시대에는 맞지 않는 수업 방식이다. 실제 경영학 교수들은 기업의 사외이사로 활동하거나 기업의 주요 연구과제들을 함께 수행하며 끊임없이 새로운 사례들을 발굴하려고 노력한다. 경영은 살아있는 지식이어야 하기 때문이다.

물론 처음부터 모두가 전문가나 교수가 될 수는 없다. 누구나 처음은 있다. 다른 사람들의 경험을 토대로 쌓은 지식을 통해 간접경험을 하는 것도 나의 지식을 축적하는데 좋은 출발점이 된다.

일례로 웹디자이너들은 프로그래밍에 익숙해지기 위해 복사와 붙여넣기를 통해 학습을 시작한다고 한다. 이론을 아무리 완벽하게 숙지해도 막상 시작하려면 막막하다. 하나씩 실전에서 따라해보면 원리를 더 잘 이해하게 되고 응용도 할 수 있게 되는 것이다. 아무리 시작을 복사와 붙여넣기로 하더라도 나만의 응용법이 생기면 결국 나의 지식이 된다. '세상 아래 새로운 것은 없다', '모방은 창조의 어머니'라는 말처럼 말이다.

또한 성공 경험만큼이나 중요한 것은 실패 경험이다. 성공한 경험만 가진 사람은 위험하다. 그래서 기업들이 채용 인터뷰에서 성공 경험만을 묻지 않고 실패 경험을 같이 묻는다. 실패한 사실이 중요한 것이 아니라 그 실패를 통해 무엇을 배웠고 어떻게 극복했는지가 중요한 것이다.

"실패에 낙담 말라. 긍정적인 경험이 될 수 있다. 어떤 의미에서 실패는 성공으로 가는 고속도로와 같다. 오류를 발견할 때마다 진실을 열심히 추구하게 되고, 새로운 경험을 할 때마다 신중히 피해야 할 오류를 알게 되기 때문이다"라고 존 키츠(John Keats)는 말했다.

개인적인 경험으로도 일하면서 경험한 실패 사례는 성공 사례보다 더 기억에 오래 남는 것 같다. 왜 실패했는지를 여러 번 돌아보면서 같은 상황에 놓이면 다시는 같은 실수를 반복하지 말아야 한다고 다짐하게 된다.

바둑에서는 이러한 반성의 과정을 '복기'라고 한다. 내가 어떻게 돌을 놓았는가를 처음부터 놓으면서 돌아보는 것을 말한다. 어느 순간에 잘못된 선택을 했는가를 전부 돌아보면서 다음 번에 이기기 위한 준비를 하는 과정이다.

직장에서도, 개인의 삶에서도 이러한 복기의 시간은 필요하다. 매일, 혹은 매 순간 복기하는 행위를 통해 실패를 통한 경험 지식을 쌓아나갈 수 있다. 아무리 훌륭한 경험과 지식을 가진 사람이라도 자신의 실패를 인정하지 않고 성공 경험만으로 일을 진행하는 과오를 범해서는 안 된다. 실패를 남 탓이나 환경 탓으로 돌리고 자신이 극복할 수 있는 문제가 아니었다고 결론 내버리면 그 어떤 환경 변화에도 대처하지 못하는 무능력자가 될 뿐이다.

같은 경험을 하고도 다른 결론을 내는 사람들이 있다. 누군가는 그 경험을 기억 속에 묻어버리는 반면 또 다른 누군가는 그 경험을 이론으로 만들고 새로운 기회의 발판으로 삼는다.

이론을 만드는 것은 박사들만의 고유 권한이 아니다. 논문을 집필해야만 이론이 되는 것은 아니다. 나만의 성공 노하우를 가지고 내가 하는 일에 접목할 수 있으면 그것은 내가 만든 이론이며 나의 경험이 지식으로 재창조된 것이다.

누군가 이론이라고 발표하는 것을 보면 대단하게 느껴지지 않는 것들도 있다. 당연한 것처럼 보이는 것들도 누군가 정의 내리기 전까지는 당연하지 않다. 작은 경험들도 놓치지 않고 성공을 위한 지식으로 만드는 연습을 하자. 그러한 연습이 쌓이면 나의 분야에서 자연스럽게 전문가가 되어있을 것이다.

03

끈기와 집념, 신념이 강하다

'천재는 노력하는 사람을 이길 수 없고, 노력하는 사람은 즐기는 사람을 이기지 못한다'는 말이 있다. 이 말을 못 들어본 사람은 아마 없을 것이다. 너무나 잘 알고 있는 말인데 우리는 왜 즐기지 못하는 걸까?

우리는 여러 매체를 통해 다양한 천재들을 접한다. 지금은 방송을 종료했지만 내가 즐겨 시청했던 TV 프로그램 중에 <영재 발굴단>이 있다.

출연진 중에는 IQ가 190 이상으로 전 세계 IQ 3위에 속하는 아이도 있었고, 세계 최고 경시대회 만점자들도 있다. 3살의 나이로 일차방정식을 풀고 수준급 작곡을 하는 IQ 164의 천재도 있었다. 어린 학생들이 저마다의 천재적인 능력을 보여주는 모습에 부럽기도 하고 '난 저 나이에 뭘 했을까?'라며 자책하기도 했다.

이렇게 타고난 천재성이 두드러지는 아이들이 상당수 있었지만, 노력형 천재들도 많았다. 라이브드로잉 분야에서 뛰어난 실력을 보인 임이삭 군은 매일 하루 연습장 한 권 이상 그림을 그렸고, 역사 천재 박준석 군은 하루 3~4시간 독서는 기본이고 역사 해설을 즐겼다. 수학 천재 김동윤 군은 학원 과외나 인터넷 강의의 도움 없이 혼자서 중·고등학교 과정의 수학을 범위와 분량을 정해 꾸준히 공부했다.

프로그램의 멘토였던 노규식 박사는 천재성이 보이는 아이들은 끊임없이 생각하고, 빨리 배우고, 한 분야에 깊고 강한 집중력을 보인다고 말한다.

분명 타고난 천재성이 있는 사람들은 있다. 하지만 후천적 천재들이 훨씬 더 많다. 그런데도 왜 우리는 '타고 났다'는 말에 쉽게 현혹이 될까?

《그릿》이라는 책에 나오는 이 말이 아마 우리의 마음을 대변해주지 않을까 싶다.

"우리의 허영심과 자기애가 천재 숭배를 조장한다고 니체가 말했다. 왜냐하면 천재를 마법적인 존재로 생각한다면 우리 자신과 비교하고 우리의 부족함을 느끼지 않아도 되기 때문이다. 누군가를 신적인 존재로 부르면 우리는 그와 경쟁할 필요가 없어진다."

우리는 어쩌면 노력하지 않기 위한 변명으로 천재는 타고나는 것이라고 정의를 내리고 싶은 것이 아닐까?

역사적으로 손꼽히는 최고의 천재 레오나르도 다빈치(Leonardo da

Vinci)는 우리에게 예술가로 유명하지만, 그는 과학, 의학 등 다양한 분야에서 신적인 업적을 이루었다. 우리는 다빈치를 천재로 기억하지만, 사실 다빈치는 집념의 사나이였다. 그의 노트는 그가 얼마나 호기심이 많고 분석적인지를 알 수 있게 해준다. 마치 제품의 설명서나 설계도처럼 자신의 생각과 계획을 아주 세세한 내용까지 기록했다.

날아가는 새의 날갯짓을 관찰하고 몸의 근육이 어떻게 움직이는지를 연구하던 호기심 많은 천재. 기념 동상을 의뢰받고 기마상을 만들기로 한 뒤 말의 해부학까지 파고들던 다빈치만의 집요함. 그의 집요한 호기심들이 결국 미완성 작품들을 많이 남기게 한 이유기도 하지만, 스스로 완벽한 결과물을 위해 얼마나 보이지 않는 노력을 해왔는지를 짐작할 수 있게 한다.

지금의 나는 어떠한지 생각해보자. 나는 얼마나 집요하게 노력하는 삶을 살고 있는가? 부끄러운 수만 가지 일들이 순식간에 내 머릿속을 채운다. 끊임없이 계획을 세우고 다짐하고 노력하지만 이루어 놓은 게 없다고 반성하는 노트만 수십 권이고, 드디어 이뤄냈다고 자축하는 내용은 극히 일부분에 불과하다.

무언가 이루지 못했을 때 자책만 하는 것이 아니라, 다시 한번 도전해보겠다거나 집요하게 해결책을 찾아본 일도 잘 기억이 나지 않는다. 보통은 나 혼자서는 자신이 없으니 남들에게 도움을 구하거나 함께 만들어가는 방법을 택했던 것 같다.

목표를 이루지 못했던 이유를 뒤늦게나마 지금 생각해보면 크게

두 가지의 이유 때문이 아니었을까 생각한다.

첫 번째는 정말 진심으로 이루고 싶은 목표였을까 하는 생각이다. 내가 하고 싶었던 것이 아니라 하도록 강요받은 일들이 아니었을까? 아무리 중요한 일이라도 싫어하는 일을 떠밀려 해야 할 때 인간은 누구나 집중력이 떨어진다. 이 또한 자기 합리화가 아닐까 반성은 하게 되지만 말이다.

무조건 목표를 세울 것이 아니라 그것이 내 인생에 정말 중요한 일인지를 생각해보는 것이 필요하다. 정말 필요한 일에 집중하는 것이 우리에게 동일하게 주어진 인생의 시간을 의미있게 보낼 수 있는 방법일 것이다.

두 번째는 끈기와 집념이 부족해서였다. 개인적으로 좋아하는 영화는 아니지만 영화 <위플래쉬>를 보면 음악에 대한 열정 하나로 끊임없이 자신의 한계에 도전하고 노력하는 드러머가 나온다. 아무리 열정이 넘쳐도 이 정도는 학대가 아닐까 싶게 불편한 마음이 드는 영화지만 자신의 목표를 향한 집념만은 본받을 만하다.

나는 내가 가진 재능을 사람들이 알아주기만을 바라고 있었던 것은 아닐까? 재능도 많이 사용하고 끊임없이 갈고 닦아야 빛이 나지 않았을까?

아무리 뛰어난 재능을 갖고 있더라도 그 재능을 발현시키는 것은 결국 노력이다. 다이아몬드 원석도 다듬어야 빛이 나듯 천재성을 가지고 있다고 모두 천재가 되는 것은 아니다.

재능이 많은 사람일수록 더 빨리 목표에 도달하고 싶고, 더 빨리 남들에게 좋은 피드백을 얻고 싶어 한다. 재능이 많은 사람은 자신의 재능에 만족하며 살아갈 것 같지만, 스스로 완벽하지 못한 것에 대한 과도한 스트레스를 받는 경우가 많다.

그 채찍질이 약이 되기도 하고 독이 되기도 한다. 자신의 재능이 성장의 발판이 되어야 하지, 절망의 지름길이 되지 않도록 노력도 제한은 필요하다.

달리기를 잘하고 싶다고 해서 매일 6시간씩 달리면 어떻게 될까? 기초 근력 운동없이 매일 같이 달리면 달리기 실력이 늘어나는 것이 아니라 무릎 관절이 손상되어 결국 걷기도 힘들어진다.

우리가 어떤 목적을 달성하기 위해서는 길러야 하는 기초체력, 즉 기본 실력이 뒷받침되어야 하고, 그 기본 실력을 바탕으로 할 수 있는 본 운동의 최대치가 있다. 운동선수도 본 운동보다 기초체력 훈련에 더욱 많은 시간을 투자한다.

우리가 하는 일도 결국 종목이 다른 운동과도 같다. 끈기와 집념, 신념이 모두 필요한 일이지만 그러한 노력을 이겨내게 하기 위해서는 기초체력이 잘 다져져야 한다. 기본기가 탄탄한 사람은 힘들어도 쉽게 좌절하거나 포기하지 않게 된다.

'오늘 잠시 힘든 것뿐이야. 내일은 잘할 수 있어'라는 생각으로 도전을 멈추지 않으려면 기본을 다지는 루틴에 아낌없이 투자해야 한다. 기본을 위한 투자는 당장 눈앞의 목표를 손에 쥐는 것보다 더 오랜 시간이 걸릴 수 있다. 내가 지금 투자하는 시간이 가까운 미래에 보상으로 돌아올 것이라는 믿음만 버리지 않는다면 그 시간을 견뎌낸 사람은 누구나 최고의 자리에 오를 수 있다.

04

생각의 관점이 다르다

같은 보고서를 보고도 다른 피드백을 주는 사람이 있다. 내용을 이해하기 위해 여러 차례 질문하거나, 폰트가 마음에 들지 않는다는 피드백을 주는 사람도 있고, 그 일의 결과를 수치화하기 위해 꼬리에 꼬리를 무는 질문을 던지는 사람도 있다. 일하면서 장벽이라고 생각되었던 부분들을 지적하면서 왜 그 문제를 해결하지 않고 피했느냐고 질문을 하는 사람도 있다.

우리는 일이 주어질 때 가장 먼저 무엇을 생각하는가? 이번 달 매출 부진을 타개할 대책안을 내일까지 보고해야 한다고 하면, 왜 매출이 부진해졌는지 생각할 여유도 없이 당장 발등에 떨어진 불을 끄기 바쁘다. 신제품을 기획해야 한다고 하면, 경쟁사의 제품을 비교 분석해가며 그들보다 나은 제품을 만드는 데만 집중한다.

'무엇'을 해야 하는가가 아닌 '왜' 해야 하는가를 생각하고 일을 시작해본 적이 있는가? 우리는 오너 경영자가 되지 않는 한 어쩔 수 없이 조직의 일원일 수밖에 없다. 아무리 뛰어난 사람일지라도 회사 일의 전체를 맡을 수 없다. 나는 전체 중 어느 한 부분만을 담당할 뿐이다.

그런 나에게 주어지는 일이 회사가 나아가야 하는 방향에 어떻게 연결되어야 하는 일인지, 그 속에서 얼마만큼의 비중을 차지하는 일인지, 이 일에 얼마만큼의 투자가 가능한 일인지를 먼저 파악해본 적이 있는가?

탁월한 리더는 일을 추진하는 데 있어 어떤 장애물도 피하지 않는다. 어떤 것도 장애물이 되어서는 안 된다. 장애물이란 뛰어넘어야 하는 것이지 피해야 하는 것은 아니다.

회사에서 일을 하다보면 '나는 그저 조직의 일원일 뿐인데, 대체 나더러 어쩌란 말인가?' 하는 생각이 들 때가 있다. 주어진 자원은 한정되어 있는데 그 자원으로는 해낼 수 없는 목표를 주면 그 자원 안에서 할 수 있는 최선을 다할 뿐 그 이상은 생각하기 어렵다.

하지만 리소스가 부족하면 리소스를 확보할 방법을 찾는 것도 해결해야 할 과제 중 하나다. 한정된 리소스 안에서 방법을 찾는 것은 리더가 해서는 안 되는 생각이다.

리더는 내부 중심적(Inside-out)사고가 아닌 외부 중심적(Outside-in) 사고를 해야 한다.

과거에는 기업의 유일한 이해관계자는 고용인이었다면, 이제는 고용인뿐 아니라 주주, 소비자, 사회 전체가 이해관계자가 되었다. 단순히 기업의 이익만을 좇는 결정은 할 수 없으며 사회적인 책임까지 고려해야 하는 시대가 되었다.

사회환경이나 조직 내외의 이해관계를 고려하지 않는 의사결정은 기업이 처한 상황을 객관적으로 바라볼 수 없게 한다.

리더는 회사를 위해 같은 사안을 놓고도 좀 더 폭넓게 생각하고 판단을 내려야 한다. 근시안적인 사고를 하는 사람을 리더의 자리에 앉힐 수 없다. 당장의 목적 달성을 위해 소비자 만족도를 올리기 위해 환경보호를 생각하지 않아도 된다거나, 매출을 올리기 위해 소비자에게 품질이 낮은 제품을 제공하는 판단을 해서는 안 된다는 것이다.

또한, 리더는 협업 능력이 탁월해야 한다. 조직 이기주의, 즉 사일로(Silo)는 기업의 성장을 저해하는 가장 큰 문제다. 나의 팀만 주목받고 싶어하는 것은 말 그대로 욕심이다. 수많은 전문가가 모여 일하는 곳이 회사다. 다른 팀들의 도움 없이 나 홀로 진행하는 프로젝트가 얼마나 있을까? 외부의 전문가와의 협업이라 할지라도 지원부서의 도움은 필요할 것이다.

사일로 문제는 많은 기업들의 숙제다. 협업을 통해 함께 인정받을 수 있는 공동의 목표를 제시하고 부서 간 경쟁이 아닌 윈-윈이 가능한 구도로 목표를 만들어가는 것 또한 리더의 몫이다. 회사가 성장해야 조직도 의미가 있는 것이다. 내 조직만 생각하다 기업의 성장을 막는 우를 범해서는 안 된다.

물론 몇몇 리더들의 움직임만으로 사일로 문제를 해결할 수는 없겠지만, 우리 팀의 목표에 다른 팀의 기여도를 함께 보고하는 등의 문화를 만들어나가면 어떨까? 성과 보고에 'Special Thanks To'를 함께 기재하는 등 협업 문화를 만들어가는 것도 리더들의 몫이다.

이 시대의 리더에게 요구되는 또 다른 능력이 있다. 바로 데이터 중심의 사고다. 본인의 경험과 지식에만 의존해서 판단하는 것은 위험하다. 경력이 많을수록 편견을 갖고 일을 대하게 된다. 동일한 제품, 동일한 소비자라고 할지라도 다른 반응이 나타날 수 있다.

사고의 틀에 갇히지 않기 위해서 반드시 데이터를 기준으로 판단해야 하며, 그 수치가 0.1이라도 기존과 다르다면 그 이유를 반드시 찾아내야 한다. 그 0.1이 또 다른 시장의 기회, 성장의 발판을 가져오는 시작점이 되기도 하기 때문이다.

사람은 한번 각인된 사실은 다른 데이터가 인지되어도 뇌에서 그 사실을 번복하기 어려워한다. 심지어 데이터가 잘못되었다고 생각하기도 한다. 그러나 데이터는 거짓을 말하지 않는다. 데이터를 어떻게 가공하고 해석하느냐에 따라 다른 결론을 내릴 수 있을 뿐이다.

같은 데이터를 가지고도 활용하지 못하는 사람들이 있다. 어떤 목적으로 데이터를 바라볼 것인가에 대해 머릿속에 명확히 정의되어 있지 않으면 아무리 많은 데이터를 제공해준다고 해도 어떤 결론도 얻을 수 없을 것이다.

서울 시민 전체의 통신사용 데이터가 있다고 해보자. 그 데이터를 놓고 서울 시민들의 특징을 찾아보겠다고 모든 사람의 데이터를 분석하기 시작하면 과연 어떤 결과를 얻을 수 있을까?

분석해야 할 데이터의 양도 많지만 '어떤 특징'을 알고자 하는 것인지 기준이 없기 때문에 데이터를 정제하고 특징을 뽑아내는데 상당한 시간이 흐를 것이다. 그리고 그만큼의 시간이 지나가는 동안 그 데이터는 과거의 것이 되어버린다.

하지만 서울 시민 중 오전 10시~11시 사이에 특정 서비스, 예를 들면 네비게이션 앱을 사용하는 고객들이 많이 이동하는 장소를 통해 특징을 찾아보겠다고 목적을 명확히 한다면 소량의 데이터를 가지고도 원하는 결과를 얻을 수 있을 것이다.

팀원들에게 업무지시를 할 때도 구체적이지 않으면 데이터 분석의 덫에서 헤매듯 방향성을 잃고 시간만 낭비할 수 있다. "뭐라도 가져와 보세요" 또는 "경쟁사를 이길 방법을 찾아오세요"와 같은 모호한 업무지시를 하는 리더는 더 이상 있어서는 안 될 것이다.

같은 말도 듣는 사람에 따라 다르게 해석되는 경우가 있다. 일할 때도 마찬가지다. 같은 업무를 받아도 다르게 해석하고 일을 진행하기도 한다.

일을 주는 사람도, 받는 사람도 이 일의 목적이 무엇인지, 다른 팀과의 협업의 가능성은 없는지 꼼꼼히 질문하고 답을 하는 시간을 갖는 것이 필요하다.

아무리 상사가 시키는 일이라고 하더라도 자신이 생각하는 것과 방향이 다르다거나, 비효율적이라고 생각되는 부분이 있다면 더 좋은 방안에 대해서도 충분히 토론하고 일을 시작하는 것이 좋다.

내가 하는 일이 회사에 어떤 기여를 하는지 수치화하고, 나 혼자만이 아닌 동료들과 협업하며 상생 관계를 만들어가는 프로젝트들을 많이 진행하면서 조직이 건전하게 성장하도록 하자. 진정한 리더란 '함께' 성장하는 사고를 하는 사람이다.

문제해결 능력이 뛰어나다

우리는 등산할 때 누가 봐도 길로 보이는 나뭇가지와 흙이 정돈된 곳을 따라서 간다. 오르다 중간에 길이라고 생각되는 곳이 보이지 않으면 당황한다. '길을 잘못 들어섰나?' 또는 어느 길로 가야 안전하지?'라고 생각하며 망설인다. 그리고는 이전에 갈림길이 있던 곳으로 되돌아가기도 하고 겁이 나서 포기하고 하산해버리기도 한다.

길이라는 것은 많은 사람이 지나간 흔적이다. 그 길을 따라가면 그곳이 정상인지 아닌지는 몰라도 적어도 안전할 것이라는 믿음이 생긴다. 하지만 아무도 가지 않은 곳을 나무를 베어가며 길을 만들어가는 것은 누구에게나 두려운 일이다.

어떤 삶을 살든 사람은 누구나 문제를 만난다. 그 문제들을 피하기만 하면 항상 제자리에 있거나 문제들을 떠안고 살게 된다. 문제를 이겨낼 것인가? 포기할 것인가?

전 미국 국무장관인 존 포스터 덜레스(John Foster Dulles)는 "성공의 척도는 '어려운 문제를 다루고 있느냐'가 아닌 '작년과 동일한 문제를 다루고 있느냐'에 따라 정해진다"라고 했다.

문제가 생기면 대책을 내놓기보다는 힘들다고 투덜거리거나 떼를 쓰는 사람들이 있다. 남들에게 떠넘기거나, 문제를 그대로 덮어버리기도 한다. 하지만 준비된 리더들은 문제해결을 위해 스스로 나선다.

문제를 잘 해결하는 사람들은 어떤 특징이 있을까?

그들은 두려움이 없다. 처음 접하는 문제가 있더라도 하나씩 사실 관계를 파악해가며 발생한 원인이 무엇인지 찾아 나간다. 아무리 복잡한 문제를 만나더라도 포기하지 않고 집요하게 파헤친다. 추정되는 원인이 있다면 가설을 세우고 그 가설을 검증하기 위한 자료를 모은다. 객관적으로 입증할만한 자료들을 토대로 원인을 규명하고 해결책을 찾는다.

그들이 제일 두려워하는 것은 해결하지 못하는 것이 아니라 이 문제를 포기하는 것이다. 내가 포기한 일을 남들이 해결하는 것을 원하지 않는다. 누군가 해결해야 한다면 그것은 내가 되어야 한다.

그리고 작은 문제도 소홀히 하지 않고 꼼꼼히 살핀다. 작은 불씨 하나가 대형 화재로 이어지듯, 기업의 문제도 때로는 사소한 것에서 출발하기도 한다. 사람들 간의 불화도 사소한 말 한마디 또는 작은 다툼에서 시작되듯 말이다.

또한 문제 자체만을 보지 않는다. 표면으로 드러난 문제가 전부가 아닐 수 있다는 생각으로 본질에 접근하려고 노력한다. 어떤 프로그램이 동작하지 않는다고 해서, 프로그램을 삭제하고 재설치한다고 모든 문제가 해결되지는 않는다. 바이러스에 감염된 것일 수도 있고 컴퓨터 자체에 결함이 생긴 것일 수도 있기 때문이다.

스스로 문제를 해결하려는 사람들은 계속 성장한다. 경찰들은 여러 가지 사건들을 다루다 보면 '촉'이라는 것이 생긴다고 한다. 아직 증거는 확보하지 못했지만, 용의자의 진술이나 눈빛, 태도 등에서 범인인지 아닌지를 직감할 수 있게 되는 것이다.

촉은 '경험에서 우러나오는 인지능력'이다. 과학적 근거가 없는 것이라고 이야기하는 사람도 있겠지만, 직감적으로 맞으면 아무것도 없이 시작하는 것보다 직감을 바탕으로 가설을 세우고 그에 맞는 자료를 찾아 입증하며 빠르게 해결해나갈 수 있다.

그리고 스스로 문제를 해결하는 사람들은 자신의 실수도 흔쾌히 인정한다. 혼자서 해결할 수 없는 일이 있다면 주위에 기꺼이 도움을 청하기도 한다. 실수할 확률을 줄이기 위해 더욱 많은 문제해결을 위해 스스로 나서며 점점 더 성장한다.

조직에서는 늘 문제가 발생한다. 목표 미달성, 개선안 마련, 미래에 대한 대비 등 우리에게 끊임없이 문제해결의 과제가 생긴다. 그때마다 피하기만 할 것인가?

요즘 직장 문화는 예전과 많이 달라졌다. 나서지 않고 조용히 '월급루팡'으로 사는 것이 최고의 직장생활이라고 한다. 승진도 원하지 않고 주목받는 사람이 되고 싶지도 않다고 한다. 괜히 손들었다가 책임만 지게 되는 일은 하기 싫다는 것이다. 일 잘하는 사람에게는 더 많은 일만 주어질 뿐이고 고생한 만큼의 두둑한 보상도 기대하기 어렵다는 이유다.

하지만 우리는 일에 대한 대가를 받고 직장을 다니고 있다. 과연 나는 그 대가에 상응하는 일을 하고 있는가? 내가 월급루팡이 되기로 결심한 순간, 다른 누군가가 피해를 입지는 않을까? 무능하고 나쁘다고 생각하던 누군가가 결국 내가 되어서는 안 될 것이다.

문제를 피하지만 말고, 퍼즐 조각을 맞춘다고 생각해보면 어떨까? 1,000조각의 퍼즐도 척척 잘 맞추는 사람들을 보면 대단하다는 생각이 든다. 썩 잘 맞추지 못하는 나는 퍼즐 맞추기에 재능이 없다고 생각했다. 난 왜 계속 헤매는 것인지, 왜 이렇게 오래 걸리는 것인지 이유를 몰랐다.

나는 퍼즐을 빨리 맞추는 노하우가 따로 있다는 것을 나중에 알았다. 퍼즐의 가장자리라고 생각되는 부분을 먼저 찾아서 놓고, 눈에 띄는 모양을 먼저 맞추면서 앞뒤 연결이 되는 퍼즐들을 차례로 맞춰나가는 것이다. 하나씩 맞추다 보면 전체를 보지 못한다. 구역을 나누고 구역별로 맞추면 빠르게 맞추어 나갈 수 있다.

노하우를 알고 나서는 퍼즐 맞추는 속도가 점점 빨라졌고 재밌어졌다. 그리고 한 번 맞춘 퍼즐은 더 빨리 맞출 수 있다. 맞추는 방법을 알고 있기 때문이다. 100조각에서 500조각으로, 그리고 1,000조각으로 퍼즐 실력도 계속 향상시킬 수 있다.

이것이 바로 성공 경험의 차이다. 퍼즐 맞추기도 스트레스라고 하면 어쩔 수 없다. 하지만 퍼즐이 즐거운 사람이라면 문제해결을 위한 기본 능력은 갖춘 사람이라고 자부해도 된다. 당신은 결코 문제를 회피하는 성향은 아니다.

이제 다시 업무로 돌아가보자. 퍼즐의 가장자리와 눈에 띄는 모양들은 무엇을 의미할까? 문제가 발생한 영역의 기본 배경과 발생한 이슈들이 아닐까? 발생한 이슈들을 하나씩 놓고 이슈별로 연관된 단서들을 찾아 나가면 각 이슈의 원인과 현상들이 정리될 것이고, 그 이슈들을 모두 모아보면 종합적으로 문제의 해결책을 바라볼 수 있게 될 것이다.

단서들만 놓고 문제에 접근하기 시작하면 크고 어려운 문제처럼 보일 수 있겠지만, 문제를 잘게 쪼개어 보면 하나하나의 문제들은 쉽게 답이 보일 것이다.

혼자서 하는 퍼즐게임이 재미없다고 생각된다면 동료들을 동참시키는 것도 좋다. 각 분야의 전문지식이 있는 사람들이 모이면 복잡한 문제들을 더 빨리 해결할 수 있다. 가끔은 내가 속한 분야의 문제를 해결하더라도 끝이 나지 않는 경우가 있다. 직급이 올라갈수록 부딪히는 문제들은 여러 부서의 도움이 필요한 경우가 많다.

도움을 요청하는 것은 내 실력이 부족해서도 아니고 부끄러운 일도 아니다. 부끄러운 일이 있다면 문제를 해결하지 않고 덮어버리는 일일 것이다. 실력만으로 문제를 해결할 수는 없다. 문제해결 능력은 해결하고자 하는 의지, 동료들과의 협업, 끊임없는 도전을 통해 길러진다. 함께 퍼즐을 즐길 동료들을 찾고 실력을 키워나가자. 몇 번의 퍼즐게임만으로도 빠르게 성장하는 나를 발견할 수 있을 것이다.

일과 삶을 분리하지 않는다

"일과 사생활의 균형을 찾으려고 하지 마라."

아마존 CEO 제프 베조스(Jeff Bezos)가 독일 베를린에서 열린 <악셀 슈프링거 2018> 시상식에서 한 유명한 말이다. 그는 당시 이 발언으로, 국내에서 '워라밸(Work-Life Balance)'을 반대하는 기업인으로 낙인찍히기도 했다.

최근 MZ 세대들 사이에선 워라밸이 당연한 것이 되어가고 있다. 아무리 높은 연봉을 제시받더라도 오버타임이 필요한 자리라면 쿨하게 거절한다. 퇴근 후에는 업무 전화를 받지 않고 카카오톡, 슬랙 등 메신저도 읽지 않는다. 일이 개인의 삶을 방해할 때는 일을 하고, 일부러 워라밸 라이프를 위해 계약직을 선호하는 사람도 있을 정도다.

이런 현상이 발생한 것은 부모 세대의 영향이 매우 크다. 가정보다는 회사에 모든 삶의 초점을 맞춘 부모 세대를 보며 자식들은 일이 인생의 전부가 아니라는 신념을 갖게된 것이 아닐까 싶다.

그러나 일과 삶을 명확히 분리하는 것이 과연 좋은 것일까? 베조스가 주장하고 싶었던 것은 '워커홀릭'이 되라는 이야기는 아니었을 것이다. 일과 삶을 적절하게 섞으면 삶이 더 풍성해진다는 '워라하(Work-Life Harmony)', '워라인(Work-Life Enrichment)'의 개념을 이야기한 것이다.

일을 통해 성과를 이루면 경제적으로 풍요로워지는 결과를 얻을 수 있다. 일을 적당히 하고 삶이 행복하길 바라는 극단적인 사고는 바람직하지 않다. 또한 일을 열심히 하는 것이 반드시 '물리적인 시간'을 기준으로 생각되는 것 또한 바람직하지 않다.

기업의 CEO들을 보면 어떠한가. 그들은 일과 삶이 하나인 경우가 많다. 어떤 것을 보아도 사업과 연결되어 생각하지 않을 수 없다. 빠른 세상의 변화에 뒤처지지 않기 위해 뉴스를 놓치지 않고 보아야 하고, 소비자들이 어떻게 변화해가는지 평소 생활 속에서도 빠르게 찾아내고 사업에 접목시켜야 한다.

과연 퇴근 후, 휴가 중에 일 생각을 하나도 안할 수 있는 사람이 있을까? 휴식을 취하는 사이에도 우리의 뇌는 쉬지 않는다. 심지어 잠을 자는 시간에도 뇌는 깨어있다.

《써드 씽킹》이라는 책에는 다음과 같이 우리의 뇌는 쉬지 않고 필요한 순간에 의사결정을 할 수 있게 도움을 준다고 말한다.

"아무런 사고도 작동하지 않는데 갑자기 무언가가 떠오르는 일 같은 건 있을 수 없다. 그렇다면 생각을 멈추려고 했지만 우리가 전혀 모르는 곳에서 어떤 사고가 계속 작동하고 있다고 생각하는 편이 자연스럽지 않을까?

휴대폰 매장에서 나와 집으로 돌아가 저녁 식사를 하고, 빨래를 개고, 욕조에 몸을 담그고 있는 동안에도 '어떤 스마트폰을 살까?'와 관련된 사고가 무의식중에 계속되고 있다고 생각하는 편이 자연스럽다. 더구나 이 사고는 '스스로 의식할 수 없는 사고'다. 의식할 수 없는 '무의식 사고'다."

조직 생활에 치이다 보면 직장을 그만두고 프리랜서로 살고 싶거나, 여행을 다니며 하루 4시간만 일하며 살고 싶다는 생각을 누구나 한 번쯤 해봤을 것이다.

정작 프리랜서로 사는 사람들은 어떤 생각을 할까? 프로젝트에 투입되어 일하는 동안에도 후속 프로젝트를 구하기 위해 퇴근 후에도 일감을 찾아다닌다. 퇴근 후 완벽히 일에서 벗어나지 못하는 것은 마찬가지다. 오히려 더 불안한 마음으로 하루하루를 보낸다.

물론 조직의 불합리한 제도에 적응해야 한다거나 승진을 위한 자격조건을 갖추어야 한다거나 하는 부담은 없을 수 있다. 하지만 또다른 고민이 있는 셈이다.

프리랜서 컨설턴트는 어떨까? 과연 일하고 싶을 때만 일할 수 있을까? 언제든 고객과 연락이 가능한 상태여야 하고, 내가 일하기 싫다고 일을 거절한다면 일감은 점점 줄어들 것이다. 퇴근 자체가 아예 없어지는 것이다.

겉으로는 자유로워 보이지만 업계에서 안정적으로 자리를 잡기 전까지는 퇴근이 있는 삶보다 못할 수 있다. 상상과 현실은 너무나 다르다.

"그럼 내가 대표가 되면 되지!"라고 생각하며 창업을 선택한다면 개인의 여유로운 삶은 아예 포기하는 것이나 마찬가지다. 책임지고 의사결정을 해야 하는 일의 범위가 수십, 수백 배 더 크다는 것을 알게 된다. 직장에서의 불만은 사소하게 느껴질 만큼 매 순간이 어려움의 연속일 것이다.

결국 우리는 일과 삶의 조화를 이룰 수 있는 나만의 기준을 찾는 것이 중요한 것이다. 스트레스를 받을 정도로 일에 얽매여 살면 좋지 않겠지만, 일부러 일과 삶을 분리할 수는 없다.

아이러니하지만 워라밸만을 생각하며 일할수록 일이 더 재미없게 느껴진다. 일이 내 삶을 포기하게 만드는 것으로 머릿속에서 정의되었기 때문이다. 퇴근해야만 내 삶인 것 같고, 일하는 동안은 내 삶이 아닌 것 같다고 생각한다면 잠자는 시간을 제외하고 하루의 거의 절반을 보내는 직장에서의 삶은 지옥이 아닐까?

또한 개인의 삶만 중요시하고 직장에서의 승진도 중요하지 않다고 생각한다면 치열하게 일하지 않을 가능성이 높다. 과연 그런 사람이 직장을 계속 다닐 수 있을까?

물론 임원 승진을 포기하고 부장급으로 퇴직하는 것에 만족한다면 어느 정도의 직장생활은 유지할 수 있을 지도 모른다. 하지만 인사 개편 때마다 마음을 졸이게 되지는 않을까? 과연 그런 마음가짐으로 직장생활을 하는 것이 바람직할까?

성공해서 부자가 된 사람들은 자신의 분야에 전문성을 갖추고 일을 재미있게 하는 사람들이다. 꼭 좋아하는 일을 직업으로 선택해서가 아니라, 어떤 일이든 자신에게 주어진 것은 깊게 파고들어 좋은 결과를 이끌어내는 사람들이다.

개개인의 능력의 차이에 의해 다른 결과가 만들어지는 것이 아니다. 결과의 차이는 일을 대하는 마음가짐의 차이에서 비롯된다. 처음부터 재미있는 일이라는 것은 없다. 내가 관심을 갖고 보기 시작해야 재미라는 것이 따라온다.

살면서 무언가에 최선을 다해본 적이 있는가? 내가 잘하면 재미있고, 잘못하면 재미없다고 생각하고 있지는 않은가? 《1만 시간의 법칙》이라는 책에서 이야기하듯, 우리는 어떤 일이든 그 일에 재미를 느끼고 능통해지려면 최소 1만 시간을 투자하는 노력이 필요하다.

일과 삶을 분리하고 개인의 취미생활만을 추구는 삶을 산다면 어느 분야에서든 전문가의 반열에 오르기는 어렵다. 삶을 유지하기 위해 일이 반드시 필요하다면 내가 추구하는 삶의 가치와 방향성에 부합하는시를 기순으로 일의 종류와 강도를 조절하는 것이 필요할 것이다.

07

자신의 재능이 무엇인지 잘 알고 있다

"Connecting the dots."

고(故) 스티브 잡스가 스탠퍼드 대학교 졸업 축하 연설에서 이런 말을 했다. 점이 모여 선이 되고, 선이 모여 면이 되듯이, 과거에 한 일들이 이어져 현재를, 미래를 만들어간다는 말이다.

천재는 타고나는 것 같지만 끊임없는 노력을 통해 만들어진다. 타고난 재능에 시간을 투자해서 만들어가는 것이다. 인간은 누구나 완벽하지 않다. 모든 것을 다 잘하는 사람은 없다. 자신이 잘하는 점을 발견하고 강점을 개발하면 된다.

간혹 모든 일에 완벽한 사람이 되기 위해 자신의 약점을 보완하려는 사람이 있다. 그럼 모든 것들이 평균 이상인 사람이 될 수는 있지만, 그 어떤 분야에서도 특출난 사람이 되기는 어렵다. 나를 한마디로 표현할 수 있는 전문성을 갖기 어렵다는 말이다.

물론 나의 재능을 확신하기란 쉬운 일이 아니다. 많은 사람이 재능은 타고나는 것이라고 말하지만, 실제 재능이 뛰어난 사람들은 비범한 노력을 해온 사람들임을 알 수 있다.

미국 프로야구(MLB)의 아메리칸 리그에서 MVP를 차지한 오타니 쇼헤이(大谷翔平)는 대표적인 노력형 천재다. 쇼헤이는 '만다라트'라는 계획표를 활용해서 고교 시절부터 스스로 목표를 정하고 계획한 것을 꾸준히 실천해왔다. 실천 과제들은 매우 구체적이고 혹독한 자기 관리를 위한 것들이었다.

또 다른 메이저리거 스즈키 이치로(鈴木一朗)의 인터뷰 일화도 유명하다. "별다른 노력 없이도 뭔가를 잘 해내는 사람을 천재라고 한다면 나는 천재가 아니다. 하지만 피나는 노력 끝에 뭔가를 이루는 사람을 천재라고 한다면 나는 천재가 맞다." 자신의 재능을 알고 있더라도 그 재능은 노력을 통해서 성취되는 것임을 알 수 있다.

《그대, 스스로를 고용하라》에는 이런 말이 나온다. "일 자체에 몰입하고 그 분야에서 기량을 쌓다 보면, 우리의 삶은 풍요로워진다. 이것이 성공이다. 명예와 돈은 그런 사람에게 주어지는 선물이다."

좋아하고 잘하는 것을 찾아 자신에 대해 투자를 아끼지 않으면 우리는 성공의 문턱에 가까워진다. 내가 전 세계 그 누구보다도 잘하는 것이 있다면 좋겠지만 그런 일은 보통은 일어나지 않는다.

남들과 비교해서가 아니라 나 자신을 놓고 객관적으로 평가해볼 때 내가 상대적으로 잘하고 관심 있는 일이 있다면 그 장점을 더 성장시키면 된다. 꼭 세계 최고가 되어야 할 필요는 없다. 올림픽에 출전해서 금메달을 따야만 성공하는 삶은 아니다.

자신이 어떤 사람인지 잘 모르겠다면 진단해보는 방법도 있다. 나를 가장 잘 아는 것은 나 자신일 것 같지만 가끔은 진단 테스트를 통해 나를 돌아보면 내가 이런 사람이었나 싶을 정도로 낯선 결과들을 접하게 된다.

회사에서 '버크만 진단'을 해본 적이 있다. 버크만 진단은 미국 심리학자 로저 버크만(Roger Birkman) 박사가 개발한 개인 특성 진단이다. '내가 보는 나, 다른 사람이 보는 나'를 다양한 관점에서 진단해준다.

나의 흥미와 관심 분야는 무엇인지, 평소 행동과 스트레스받을 때의 행동은 어떻게 다른지, 일할 때 나의 문제해결 방식은 어떠한지도 알 수 있다. 진단 결과를 통해 내가 어떤 사람인지를 파악하는 데 도움을 받을 수 있었다.

나는 예술, 과학, 문학 분야에 흥미 정도가 높고, 선호 업무 스타일로 '지식전문형' 점수가 가장 높게 나왔다. 지식전문형은 해결책을 찾기 위해 개인의 전문성과 지식을 활용해서 기여한다. 솔선수범해서 이끌어가는 유형으로 기술, 교육, 컨설팅 분야의 관리자와 임원이 포함된다고 한다.

20여 년간 직장생활을 하며 나는 스스로 '사내 컨설턴트'라고 생각하며 일해왔고 이 분야가 적성이 맞는 것 같아 컨설팅 회사로 이직했다. 어느 정도 잘하는 분야를 잘 찾아온 것이라는 생각이 든다.

그리고 한 분야에 국한되지 않고 다양한 분야의 전문지식을 습득하기 위해 끊임없이 공부하고 있다. 비즈니스 컨설턴트라면 하나의 업종에 국한된 지식만을 가지고 있어서는 안 된다는 생각에 다양한 업종을 경험하고 지식을 넓혀나가야 한다는 생각이다.

《폴리 매스》라는 책에서는 다양한 영역에서 출중한 재능을 발휘하며 방대하고 종합적인 사고와 방법론을 지닌 사람을 '폴리매스(Polymath)'즉, '박식가'라고 정의하고 있다. 다양한 분야를 넘나들며 경계를 허물고, 연결을 통해 창의성으로 이끌며, 총체적 사고와 방법론을 사용하며 시대를 이끌어가는 사람이다.

나는 특정한 분야에서 세계 최고가 될 자신은 없지만 다양한 분야에 능통한 융합형 인재가 되고자 한다. 물론 모든 분야를 다 의미하는 것은 절대 아니다.

다양한 분야에 관심을 가진 사람이 그 어느 분야에도 전문가가 아닌 것처럼 비추어질 수 있겠지만 그러한 편견을 깨는 것도 오늘날의 폴리매스들이 해야 할 일이라는 생각에 전적으로 동의한다.

또한 '부캐'의 시대가 된 만큼 다양한 부캐를 만들어내는 것으로 다방면의 관심사를 풀어낼 수도 있을 것이다. 고대에 과학자가 예술을 하고, 문학 작품을 쓰던 때처럼 그런 융합형 인재가 다시 필요한 시대가 되었다고 생각한다.

자신에 대한 투자는 미래 인생의 깊이를 결정한다. 지금의 내가 어떤 결정을 하는가에 따라 행복한 인생이 될 수도 있고, 그 반대가 될 수도 있다.

타임머신이 있다면 나의 미래를 보고 싶다는 생각이 매일매일 오늘의 나를 괴롭히지만, 내가 가고자 하는 곳에 닿기 위해 힘든 오늘을 버티며 현재의 나의 책임을 다해야 한다.

내일의 나는 오늘의 나보다 한 발짝 더 앞서있어야 하고 변화되어야 한다. 매일 매일 새롭게 태어난다는 생각으로 자신에 대해 끊임없이 투자해야 한다.

나의 재능이 무엇인지 알고 아낌없이 투자하다가도 힘든 순간이 오면 '정말 내가 재능이 있는 걸까' 하고 흔들릴 때가 있다. 그러나 재능이란 수만 시간의 노력을 하고 남들과 비교당해도 지치지 않고 자신에게 확신을 가지고 그 길을 묵묵히 걸어 나갈 때 단단해지는 것이다.

가끔 성공한 사람은 운이 좋은 것이 아닐까 생각될 때가 있다. 투자도, 이직도 선택하는 것마다 일이 술술 풀리는 것처럼 보인다. 하지만 운이 계속 밀려온다고 해도 준비가 되어있지 않으면 그 운을 내 것으로 만들 수 없다.

나에게도 수많은 기회가 있었다. 어떤 기회는 잡았고, 또 어떤 기회는 잡지 못해 분통을 터트렸다. 생각해보면 내 능력 밖의 기회를 놓친 것인데, 내가 준비하지 못한 것에 대한 반성보다는 운이 나빴다고 생각해왔던 것 같다.

노력 없는 천재는 없다. 나의 재능에 확신을 갖고, 그 재능을 다이아몬드로 만들기 위해 노력하는 것만이 진정한 재능으로 만드는 길일 것이다.

1장

2장

가업은
새로운 가치를
창조하는 사람을
찾는다

01

안전한 길이 가장 위험한 길이다

'링크드인' 창업자인 리드 호프먼(Reid Hoffman)은 "역설적인 것은 끊임없이 변화하는 세상에서 안전한 길을 택하는 것이 당신이 할 수 있는 가장 위험한 일 중 하나라는 점이다"라고 말했다.

변화가 점점 빨라지고 있는 요즘, 제자리를 지키는 것은 뒷걸음질 치는 것과 마찬가지가 되었다. 성공을 한번 경험한 기업들은 자신들의 성공에 도취해서 자만하고, 과거의 성공방식에 기대어 새로운 도전을 하지 않는 경우가 많다. 그리고 이미 이루어낸 성과들을 잃을까 두려워 다른 사람의 조언을 귀담아듣지 않기도 한다. 그렇게 시대의 변화에 적응하지 못하고 실패의 길에 들어서는 경우가 많다.

세계적으로 유명한 GM은 외부 환경의 변화에 허술하게 대처하거나 변화에 대한 의지가 없어 몰락의 길에 들어선 대표적인 기업이다. GM은 대량생산, 대량 소비체제를 완성한, 경영학의 대표적인 모범 사례 기업이다. 설립 초기에 GM은 다양한 제품 포트폴리오를 통해 모든 고객층의 구매 욕구에 맞춘 모델을 출시해 시장을 장악했다. 그러고는 77년간 세계 자동차 판매 1위 자리를 지켰다.

그러나 GM은 미국 시장에만 치중해서 제품을 생산했다. 경제위기에 따른 고객의 수요 변화에 대처하지 못했고 생산방식의 혁신에도 실패했다. 뒤늦게 위기를 의식하고 도요타의 린(Lean) 생산방식을 도입했으나 전체 생산 공장으로 확산하는 데 실패하고 결국은 몰락했다. 외부 환경과 고객의 소비 욕구가 변했음에도 과거의 성공방식만을 고수하며 미래에도 통할 것이라는 자만심과 뒤늦은 깨달음이 몰락을 가져온 것이다.

그에 반해 테슬라는 시대를 앞선 전략으로 시장을 장악하고 있다. 테슬라 이전에도 수많은 전기자동차의 개발이 시도되었다. 대부분의 기업은 효율성에 초점을 맞춰 전기자동차를 개발했다. 그러나 테슬라는 가격대를 낮추거나 출퇴근용 목적에 맞추지 않고 최고급 스포츠카에 적용한 전기자동차를 선보였다.

테슬라는 기술의 발전과 시대의 변화에 대비하면서도 고객의 기대를 넘어선 전략으로 승부수를 던졌다. 전기자동차에 대한 고객의 인식이 자리 잡지도 않은 상황에서 단순히 전기자동차라는 인식에서 벗어나 '최고급' 차량이라는 이미지를 만들어냈다. 그럼으로써 고객의 욕구를 새롭게 창조해냈다. '전기자동차가 과연 시장에서 성공할 수 있을까?'라는 생각으로 조심스럽게 시장에 접근하던 기업들은 먼저 기술개발을 시작했음에도 결국 테슬라에게 시장을 내주는 상황에 처했다.

미국 라스베이거스에서 매년 개최되는 세계 최대 규모의 IT 가전 전시회 CES(Consumer Technology Association)가 있다. 이곳은 자동차와 IT 제품의 경계가 허물어지고, 전 세계 자동차 브랜드가 각종 신기술을 공개하는 새로운 장이 되었다. 기업은 이제 미래 먹거리를 찾지 않으면 바로 도태된다. 이미 상용화된 제품의 판매를 강화하고 고객 요구사항에 맞춰 지속해서 제품을 개선함과 동시에 고객의 미래 욕구를 예측해 새로운 제품 개발을 추진해야 살아남을 수 있다.

기업들이 미래를 향한 과감한 도전을 시도하는 사례는 이밖에도 많다. 아마존이 우주선에 투자하는 경우가 대표적이다. 아마존은 모두가 아는 세계적인 e커머스 기업이다. 아마존은 왜 유통과 아무 상관이 없는 우주산업에 뛰어들었을까? 아마존이 우주산업을 추진하는 진짜 목적은 추후 우주 식민지 개척을 위한 물자 수송 산업의 기회 때문이라고 한다. 미래를 대비해서 투자하고 있는 것이다.

앞서 사례로 든 테슬라는 자동차 시장을 넘어 새로운 교통 공간을 개발하는 일에도 투자를 아끼지 않는다. 지하터널 교통 시스템 '터널 루프', 하늘을 나는 '플라잉카' 등 자신들이 만든 자동차가 다닐 공간까지 창조해냄으로써 더 많은 기회를 만들고 시장의 흐름을 바꾸려 한다.

또한, 온라인 음식 배달 서비스는 빠르고 저렴한 서비스 제공을 넘어 로봇이 배달하는 시장을 개척하고, 대형마트는 온라인 주문배달 서비스를 넘어 무인 점포 시대를 만들어가는 등 많은 기업이 시장의 한계를 넘어 새로운 시장을 만들어내는 일에 적극적인 투자를 진행하고 있다.

시대의 변화 속도가 빨라짐에 따라 소비자의 관심은 점점 빠르게 변해간다. 인기 제품의 수요를 충족시키기 위해 공장 생산라인을 늘리는 그 짧은 시간 동안 다른 제품으로 소비자의 관심이 이동되기도 한다. 트렌드를 따른 옷을 저렴한 가격에 즐길 수 있어 유행하던 패스트패션은 환경에 대한 소비자의 인식 수준이 높아지면서 몰락하기도 했다. <지금은 맞고 그때는 틀리다>라는 영화 제목처럼 어떤 제품의 특성이 시대에 따라 성공하는 이유가 되기도 하고 실패하는 이유가 되기도 한다. 그런 만큼 안전한 길도 결국 끝이 있다는 것을 인지해야 한다.

소비자의 반응이 좋았던 제품이 있다고 하자. 그러면 생산자는 그 제품을 사용하는 고객층을 더 넓히려고만 한다. 또는 해당 제품의 시리즈를 만드는 데 집중한다. 그러다 실패하는 경우를 흔히 보게 된다.

물론, 단기간은 인기 제품으로 인한 매출 상승효과를 톡톡히 볼 수 있을 것이다. 그러나 소비자들은 항상 새로운 제품에 열광한다. 오랫동안 꾸준하게 소비자의 선택을 받는 제품은 극소수에 불과하다. 성공한 제품에만 회사의 전략을 집중하느라 새로운 시장을 만들지 않고 현실에 안주하면 소비자들에게 쉽게 외면을 당한다.

요즘의 소비자는 새로운 제품에 대한 수용도가 높고, 변화에 대한 거부감이 없다. 그래서 기업들은 미래의 시장변화를 준비하는 게 아니라 현재의 빠른 시장변화에 적응하는데도 허덕인다. 현재의 성공에 안주하고 변화에 대한 의지가 없다면 결국 무너진다.

안전하게 위대해지는 길은 없다. 위대한 기업도 언제든지 쓰러질 수 있다. 모든 것이 급격하게 변화하는 소용돌이 속에선 안전을 추구하면 할수록 오히려 더 위험해진다. 역설적으로 안전지대에서 벗어나려 노력하면 할수록 더 안정적인 미래를 차지할 가능성이 높다. 부딪히고 깨지면서 위험한 길을 두드리는 기업만이 생존할 수 있다.

그런데 이런 고민은 CEO들만 해야 하는 것일까? 그렇지 않다. 인재를 채용하는 관점이 이제는 달라지고 있다. 기존에는 사업의 안정적인 운영을 위해 조직에 순응하고 성실하게 일하는 사람들을 채용했다. 하지만 이제는 시대의 흐름에 발맞추어 시장을 개척해줄 사람을 원한다. 과감한 도전, 혁신, 그리고 설득력이 있는 사람. 두려움 없이 기회의 문을 두드리고 성큼성큼 나아갈 수 있는 사람을 찾는다.

물론 회사의 전략 방향에 맞추어 계획대로 움직이고 꼼꼼히 운영해 줄 사람도 당연히 필요하다. 그러나 현재에만 충실한 구성원보다는 생각의 관점을 바꾸고 도전을 즐길 수 있는, 미래를 만들어나가는 사람을 필요로 하는 시대다.

새로운 도전은 두려울 수 있다. 우리는 창밖으로 뛰어내리면 위험하다고 생각한다. 하지만 막상 뛰어내리면 높지 않은 저층일 수도 있고, 바닥에 푹신한 잔디가 깔려 있을 수도 있다. 뛰어내려 보기 전에는 모르는 일이다. 안전할 것이라는 착각 속에서 낡은 건물 안에만 갇혀 있다면 건물이 무너질 때 함께 사라질 것이다.

회사의 미래를 이야기하는 거창한 도전과 혁신이 아니어도 좋다. 본인이 맡은 일에서의 혁신을 조금씩 만들어나가는 것도 훌륭한 일이다. 회계 담당자는 효율적인 회계시스템을 기획해 인건비 절감 및 속도 향상의 성과를 만들어나갈 수 있고, 마케팅 담당자는 광고 운영 및 데이터 분석의 자동화를 통해 더 빠른 의사결정과 과학적인 마케팅 활동을 만들어낼 수 있다. 내가 지금 하는 일에 익숙해져서 정해진 틀 안에서만 열심히 한다면 개인의 발전도 없고 회사의 발전도 없을 것이다.

지금 내가 잘하고 익숙한 일이 미래를 보장해주는 것은 아니다. 현재의 성공을 믿지 말자. 불확실성을 받아들이고 변화를 탐지할 수 있는 장치들을 만들자. 고생하며 만들어놓은 결과물을 포기할 수 없어서 변화의 시기를 놓치거나, 성장에 대한 과도한 욕심으로 비현실적인 목표를 쫓는다거나 하지 말자. 안전한 길이 끝나기 전에 다른 길을 개척해 나가야 한다는 것이지, 무모한 길을 만들어서는 안 된다는 의미다.

주위를 보면 어린 나이에도 높은 직책을 맡는 경우를 종종 볼 수 있다. 그들은 성공방식을 찾아내는 사람들이다. 오랫동안 성실히, 꾸준히 그 자리에서 일하는 사람은 성장에 한계가 있다. 더 이상은 성실함이 무기가 되는 시대가 아니다. 기업을 성공시킬 수 있는, 도전과 혁신을 즐기는 사람이 되자.

02

자발적으로 위험을 감수하라

영화 〈창문 넘어 도망친 100세 노인〉을 본 적이 있는가. 100세 노인 알란은 파란만장한 모험 속에서도 일상을 즐기며 쿨하게 생각하고 행동하는 캐릭터다. 100세 노인의 거침없고 겁이 없는 행동은 의도하지는 않았지만 여러 차례 좋은 결과로 이어져 유명해진다. 100세에도 삶이 무료하다며 세상 밖으로 탈출을 감행하는 과감한 용기가 우리의 삶을 되돌아보게 하는 영화다.

이 영화는 인생은 계산된 것이 아니고 그 어떤 것도 예측할 수 없으니, 불안해하거나 조급해하지 말고 현재를 즐기라는 메시지를 전달한다. 물론 극단적인 상황을 연출한 것이기는 하지만, 우리가 너무 안전한 울타리에 갇혀서 겁먹고 살아가는 것은 아닌지를 생각해보게 한다.

인간은 오랫동안 위험을 무릅쓰며 살아왔다. 굶주림에서 벗어나기 위해 야생동물들과 싸우며 먹거리를 구해왔고, 비옥한 영토를 확보하기 위해 전쟁을 했다. 새로운 대륙의 발견을 위해 먼 거리를 항해하기도 했다. 그렇게 살기 위해 위험한 순간들을 피하지 않고 이겨내며 살아왔다.

그런데 어느 순간부터 우리는 안전에 집착하기 시작했다. 스스로 우물 안에 갇힌 개구리가 된 것이다. 온갖 위험으로부터 나를 지키기 위해 각종 보험에 가입하고, 일어날지 안 일어날지 잘 모르는 일들에 대해서도 '만약에 잘못된다면'이라는 가정을 수십 가지는 생각하며 안전장치를 마련해두고 소극적으로 살아가고 있다.

어린 시절을 떠올려보면 나는 흙바닥 놀이터에서 깨지고 다치며 놀았는데, 요즘의 놀이터는 푹신한 매트가 깔려 있고 아이들의 축구장에는 넘어져도 상처 하나 입지 않을 부드러운 인조 잔디가 깔려있는 것을 볼 수 있다. 아이는 다치면서 크는 것이라고 생각해왔으나, 요즘의 아이들은 먼지 하나 없는 청정환경에서 보호받으며 성장하고 있는 것이다.

생명과 직결된 일이라면 안전에 집착할 수 있다. 하지만 정작 당장 눈앞에 죽음이 다가왔을 때 인간의 행동은 어떠한가? 내가 지금 서 있는 절벽이 무너지고 있고 아무리 멀리 뛰어도 건널 수 없을 만큼 거리가 있는 건너편 절벽으로 가야 살 수 있다면, 우리는 과연 뛰다 죽을까 걱정된다고 제자리에 가만히 서 있기만 할 수 있을까?

우리는 멀리 아름다운 곳을 보러 가기 위해 비행기를 타는 일은 기꺼이 감수한다. 파일럿들은 오랜 시간 비행훈련을 받아 안전하게 비행기를 운행한다고 절대적으로 믿고 있기 때문이다. 전문가라고 믿는 사람들도 나와 똑같은 인간이고, 나 또한 어느 분야에서는 전문가일 수 있다. 그래서 누군가는 나에게 중요한 의사결정을 위한 검토를 의뢰하기도 한다. 그런데 정작 우리는 스스로의 삶에 대해서는 도전적인 결정을 하지 못하고 망설이기만 한다.

미국의 장군 조지 S. 패튼(George S. Patton)은 "계산된 위험은 감수하라. 이는 단순히 무모한 것과는 완전히 다른 것이다"라고 했다.

모든 위험에 다 도전할 필요는 없다. 그것이야말로 무모한 일이다. 하지만 내가 가고자 하는 길에 다다르기 위해 넘어야 할 위험이 있다면 도전해볼 만하지 않을까?

안 해보고 후회하는 것보다는 해보고 후회하는 편이 낫다는 말처럼, 할지 말지 망설여진다면 해보는 게 낫지 않을까?

내가 하고 있는 일, 혹은 내가 몸담고 있는 조직에서 위기를 맞이하는 순간이 올 수 있다. 회사에선 '위기관리 TF'를 신설하고, 전 직원에게 위기의식을 고취시키기 위해 교육을 하고 다 같이 허리띠를 졸라매야 한다며 공지 메일을 보낼 것이다.

회사가 위기에 빠지면 직원들의 행동은 다음과 같이 나뉜다. 불타는 배에서 뛰어내려야 한다며 이직을 하는 사람, 또는 뛰어내리기도 무서워서 최대한 안전한 곳에 숨으려 하는 사람. 물론 뛰어 내린다고 해서 살 수 있다는 보장도 없다. 직장인은 대부분 이 두 가지 유형에 속한다. 그러나 이 두 가지 유형 모두 자신을 지키기 위한 행동이지 회사를 지키기 위한 행동은 결코 아니다.

나서서 불을 끄거나 모두가 함께 옮겨탈 배를 구하려고 애쓰는 사람은 있어야 하지 않을까? 사람들이 나서지 못하는 이유는 책임을 지는 것에 대한 두려움 때문일 것이다. 열심히 한다고 했는데 욕먹을까 봐, 실패하면 쫓겨날까 봐 미리 걱정하는 것이다.

아무도 나서지 않는다면 어떻게 될까? 욕을 먹더라도 내가 나서면 무엇이 달라질까? 실패해서 욕을 먹으면 무엇이 문제가 될까? 행동했을 때와 행동하지 않았을 때의 결과를 상상해보자. 어떤 편이 더 후회스러울지.

나 대신 누군가가 불을 끄고 내 목숨을 살려주기를 원하는 사람만 있다면 결국 나도 동료도 모두 목숨을 잃는다. 구조조정, 인수합병을 결정하며 위기를 극복해나가든, 직원들 모두의 일터를 보장하기 위한 새로운 먹거리 사업을 만들어 이끌든 앞장서서 실패의 위험을 무릅쓰고 나아가는 사람이 있어야 한다.

요즘 기업의 성과주의 제도는 단기적인 성과평가에 치중되어있어 장기적인 관점으로 회사의 성장을 위해 일하는 사람은 찾아보기 어렵게 되었다. 지나친 성과주의로 조직이나 개인 간 협업도 더욱 어려워졌다. 당장의 성과가 연봉 인상이나 승진, 인센티브에 직결되기 때문에 이러한 현상은 더욱 심해지고 있다.

회사가 임원에게 기대하는 역할은 미래를 준비하고 조직의 혁신, 자원의 확보, 경쟁전략을 수립하는 일이다. 그러나 일반적으로 임원이 되고자 하는 사람들이 임원의 처우를 받고자 하는 생각만 하고, 회사의 미래를 짊어지고 나서고자 하는 생각은 거의 하지 않는다.

임원으로 승진하기를 바라면서 회사의 미래보다는 개인의 미래만을 생각한다면 승진을 하더라도 1, 2년 이상 그 자리를 보장받기는 어려울 것이다. 기업의 생명을 연장하는 일은 대표이사 혼자 해야 하는 일은 아니다. 기업의 미래를 위해 어떤 자산을 만들고 유지해나갈 것인가, 구성원들을 위기 상황에서 어떻게 이 일에 동참시키고 융합시켜나갈 것인가를 고민하는 일은 모두가 함께 해야 하는 일이다.

도전이 없으면 어떤 결과도 얻을 수 없다. 우리는 끊임없이 도전하고 실패를 거듭하며 살아간다. 시험을 보지 않으면 대학에 갈 수 없고, 고백하지 않으면 좋아하는 사람을 만날 수 없는 것처럼, 실패의 위험을 감수하지 않으면 어떤 의미 있는 결과도 얻을 수 없다.

위험을 감수하지 않으면 인생에 굴곡도 없지만 즐거움도 없다. 우리는 재미있는 인생을 살고 싶다는 말을 자주 하지만, 막상 재미를 위한 도전을 하는 일에는 보수적이다.

많은 사람이 평범하게 살고 싶다고 말하지만, 평범하기 위해 현재를 유지하려는 마음으로 최소한의 노력만 한다면 평범한 삶도 누릴 수 없다.

아무런 행동을 하지 않는 것만큼 위험한 일은 없다. 과감하게 실행하고 미래에 도전하는 자만이 원하는 것을 얻을 수 있고, 남들보다 한 발짝 더 나아갈 수 있다. 하루가 다르게 변화하는 세상에서 위험을 피하며 실행하지 않으면 도태된다. 살기 위해 해야 하는 일이라면 떠밀려서 하지 말고, 자발적으로 위험을 감수하고 앞서가는 사람이 되자.

어려울 때 나서는 사람이 필요하다

마블 히어로 영화에 열광하는 사람들이 많다. 사람들은 위기에 맞서서 악당을 물리치고 지구를 구하는 영웅들에게 열광한다. 하지만 안타깝게도 현실에서는 히어로를 찾아볼 수 없다. 히어로를 자처하며 선거운동을 하는 일부 정치인들만 있을 뿐이다.

회사 조직에서는 어떠한가? 히어로가 있는가? 회사에는 히어로가 되려는 자와 추종자, 그리고 무관심한 방관자들이 있다. 그러나 진심으로 회사와 구성원을 위해 히어로가 되려는 자는 많지 않다. 히어로의 타이틀을 쟁취하고 승진하려는 자들만 있을 뿐이다.

그들은 조직을 위기에 몰아넣고 그 위기를 본인이 해결한 것처럼 스토리를 만드는 것을 좋아한다. 마치 영웅 탄생 신화처럼 말이다. 경쟁 관계에 있는 누군가가 위기를 만든 장본인인 것처럼 몰아가기도 한다. 위기는 심각할수록, 상대의 잘못이 클수록 히어로가 되기에 좋은 밑바탕이 된다.

히어로를 추종하는 사람들은 스스로 나서기는 두렵지만, 안전지대에 있고 싶어하는 사람들이다. 강력한 히어로를 선택하고 그들을 따른다. 본인이 가진 무기로 스스로 생존하는 데 자신이 없는 사람들이다.

회사에서 무슨 일이 일어나든 개의치 않는 나홀로족인 방관자들도 있다. 자기만의 고유 업무영역이 확실하거나 스스로 생존할 수 있는 자신감이 있는 사람들이다. 이들 중에는 종종 숨은 실력자도 있다.

물론 조직 내에는 빌런(Villain)도 있다. 현실에서는 영화에서보다 빌런이 훨씬 많다. 영화 <스파이더맨>에서 시공간이 틀어지며 모든 세계관의 빌런들이 총출동하는 것만큼 조직에는 빌런들이 매 순간 끊임없이 나타난다. 심지어 아군이라고 믿었던 사람이 빌런이 되기도 한다.

하지만 히어로가 좋고 빌런은 나쁘다고 단정할 수 있을까? 내가 하려는 일을 도와주면 히어로고 방해하면 빌런이라고 생각할 수도 있기 때문이다. 그리고 진정한 히어로가 아닌 '히어로가 되려는 자'들은 누군가에게는 완벽한 빌런이 되기도 한다.

조직의 모든 사람들을 영화의 캐릭터에 비유해서 설명하는 것이 이상할 수도 있다. 하지만 우리가 왜 마블 영화에 열광하는가를 잘 생각해보자. 현실에서는 영화 속 히어로를 볼 수 없기 때문은 아닐까?

우리가 원하는 조직의 히어로는 영화처럼 반드시 초능력자일 필요는 없다. 적어도 본인의 야망만을 위해 행동하는 사람이 아니기를 바랄 뿐이다. 영화 속 히어로는 사생활을 포기해야하는 것은 물론이고 본인의 목숨을 포기하기도 한다. 물론 우리가 바라는 것은 그 정도는 아니다.

나는 어떤 유형의 사람인가? 히어로인가, 빌런인가? 나는 먼저 나서는 경우가 간혹 있기는 하지만, 그보다는 남들이 한 발 뒤로 물러설 때 물러서지 않는 사람에 가깝다. 어떤 일도 무서워하거나 피하지는 않는다.

해결해야 하는 문제가 생기면 바로 '왜?'를 생각하고 어떻게 접근하는 것이 좋은지 생각하느라 남들이 물러서는 것을 모른다. 통상적으로 말하는 히어로와는 거리가 있고, 해결사에 가깝다고 생각한다. 호기심이나 문제 풀이에 관심이 많아서일까? 해결하지 못할 것에 대한 두려움보다는 자신의 한계를 시험해보고자 도전하는 것을 즐기는 편이다.

영화가 아닌 현실에서 우리에게 강력한 히어로 한 명이면 모든 일이 다 해결될 수 있을까? 조직에서 필요한 리더의 유형은 꾸준히 변해왔다. 이제는 강력한 리더가 아닌 사람들과 소통하는 수평적인 리더가 필요하며, 한 명에 의해 좌우되는 조직이 아닌 여러 명의 리더에 의해 분권화된 조직문화가 자리를 잡아가고 있다.

어쩌면 히어로에 대한 고정관념을 없애는 것도 필요한 일인 것 같다. 초능력을 가진 자가 아닌 사람들의 능력을 이끌어낼 수 있는 사람이 조직에 진정으로 필요한 히어로가 아닐까?

사람들을 하나로 만들고 한 방향으로 이끌어나가는 능력은 초능력보다는 공감 능력의 힘이 더 클 것이다.

우리가 원하는 히어로는 어떤 사람일까? 우선 히어로는 사람들의 관심을 끌어당길 수 있는 사람이어야 할 것이다. 단순히 해결사가 아닌 사람들에게 믿음을 줄 수 있는 사람이어야 한다. 그의 말에는 힘이 있어야 하고, 사람들과 소통이 잘 되는 사람이어야 한다.

아무리 뛰어난 능력이 있는 사람이라도 사람들과 눈을 마주치지 않는다거나 단정하지 못한 모습이라면 사람들은 불안해한다. 그러나 사람들의 관심을 위해 행동해서는 안 된다. 그의 행동에는 진정성이 반드시 따라주어야 한다.

히어로에게는 공감 능력도 필요하다. 특출난 능력이 있는 사람은 종종 그렇지 못한 사람들의 마음을 이해하지 못한다. 왜 힘들고 어려운지 상황을 이해하지 못하는 경우가 있다. 사람들의 의견에 귀 기울이고 먼저 다가가려는 태도가 필요하다.

회사가 위기에 처했을 때 구성원들의 마음이 어떤지를 먼저 떠올리는 리더가 있을까? 그들의 마음을 안정시키고, 위기를 같이 극복할 수 있도록 동기부여를 하는 방법을 찾는 것이 회사의 전략 방향 설정보다 더 중요한 일이 아닐까?

회사가 어려울수록 리더들은 온갖 긴급회의에 불려 다니느라 구성원들의 생각을 귀담아들을 시간이 더 없어진다. 그저 야근이 많아서 힘들어한다거나 인센티브가 적어서 불만이라는 이야기들을 전달받으며 프로페셔널하지 않다고 탓하기만 할 뿐이다.

연말 인사 시즌에만 직원들과 식사하거나 주간 회의하듯 의무적으로 일대일 면담 시간을 갖고 본인은 소통하는 리더라고 이야기해서도 안 된다. 앞에서 진두지휘하는 것도 벅찬데 언제 사람들의 이야기를 듣고 있느냐고 반문하는 이도 많을 것이다.

그러나 우리가 바라는 소통하는 리더는 진심으로 귀를 기울이는 사람이다. 짧지만 진심 어린 말 한마디가 우리를 스스로 전장으로 이끌기도 하는 것이다.

코로나19 이후 조직 내 리더의 역할은 점점 더 중요해지고 있다. 조직의 리더로 갖추어야 할 조건으로 책임감과 신뢰, 소통 능력을 꼽는다. 리더가 모든 일에 뛰어난 사람이어야 할 필요는 없다. 일 잘하는 실무자들은 많다. 그들과 얼마나 협력해 일하는가가 중요하다.

일반적으로 일 잘하는 사람이 리더가 된다. 하지만 스스로 일을 잘하는 능력과 다른 사람들일 일을 잘하게 만드는 능력은 완전히 다르다. 히딩크나 박항서와 같은 위대한 성과를 이룬 축구 감독들이 뛰어난 축구선수들이 아니었던 것처럼 말이다.

개개인들의 이야기에 귀를 기울이고, 믿음과 확신을 주며 그들 스스로 움직일 수 있는 동력을 심어주는 일이 오늘날 앞에 나서서 사람들을 이끌어야 하는 리더의 덕목이다.

위기에 나서는 사람은 반드시 필요하다. 하지만 그들이 나서는 위치가 꼭 앞이어야 할 필요는 없다. 스스로 빛나고 싶어하는 사람은 리더의 자격이 없다. 다른 사람들이 빛나게 하기 위해 사람들 틈에 섞여서 혹은 뒤에서 사람들의 마음에 불씨를 심어주는 사람이어야 할 것이다.

04

불확실성의 시대, 구원투수가 필요하다

　연말이 되면 위기에 처한 대기업은 외부에서 전략가를 영입하며 '코치'로 활동하던 컨설턴트를 '구원투수'로 영입한다. 하나같이 화려한 이력을 자랑하는 사람들이다. 물론 실력도 있는 사람들이겠지만, 그들의 프로필은 사람들에게 기대감과 안도감을 가져올 만큼 화려하다.

　또한 새로 투입된 인력들의 성별, 나이, 경력의 '파격'을 내세우며 기업들은 변화를 발표한다. 네이버는 1980년대생을 CEO로 영입하며 '파격 인사'를 감행했다. 젊은 리더를 내세우는 것이 그들의 능력 때문만은 아니다. 직원의 자살이라는 위기 상황에서 MZ세대들의 불만을 잠재우기 위해 같은 세대를 '파격 인사'의 카드로 사용한 것이다. 삼성전자도 30대 CEO와 임원이 가능한 인사제도를 발표했다. 초고속 승진이 가능하도록 제도를 개편하면서 위기의식 고취와 변화의 필요성을 내세웠다.

국내뿐 아니라 해외에서도 회사의 위기 상황에 구원투수를 영입한 사례들은 쉽게 찾아볼 수 있다. 오랜 역사를 가진 명품 브랜드 버버리는 21세기에 들어 매출이 부진하고 브랜드 이미지가 루이비통, 구찌 등에 비해 낮게 평가되기 시작했다. 그러자 마르코 고베티((Marco Gobbetti)를 경영인으로, 리카르도 티시(Riccardo Tisci)를 디자이너로 선임했다. 브랜드 이미지를 신선하게 탈바꿈하기 위한 구원투수였다. 고베티는 셀린느를 순식간에 되살린 경영인이며, 티시는 지방시에서 파격적인 디자인을 선보여 성공시킨 디자이너였다. 그들의 투입으로 버버리는 조금씩 명성을 되찾고 매출도 회복되기 시작했다.

해외 유명기업의 또 하나의 사례는 포드다. 포드는 2000년대 들어 최악의 위기를 맞이하자, 앨런 멀러리(Alan Mulally)를 CEO로 영입했다. 그는 회사의 문제를 숨기던 임원들에게 신뢰를 바탕으로 문제를 솔직히 오픈하도록 유도하고, 마이너스 경영을 감행하는 등 파격적인 경영을 했다. 그리고 곧 포드를 위기에서 벗어나게 했다. 멀러리는 보잉사를 위기에서 구원한 인물로 어느 기업에서나 구원투수의 역할을 톡톡히 하는 인물이다.

우리는 지금 한 치 앞을 예측하기 힘든 불확실성의 시대에 살고 있다. 해마다 올해가 가장 위기라는 뉴스를 접하며 위기에 대한 피로도가 높아졌다. 이러한 위기의 상황에서 우리는 우리를 이끌어줄 영웅이 나타나 주기를 기다린다.

기업의 변화를 알리기 위해 좋은 영웅의 이미지는 무엇일까? 영웅은 기존의 리더와 성별, 연령, 경력이 다르거나 그만의 화려한 과거의 성공 스토리가 있어야 한다고 생각한다. 기존과 차이가 없는 사람이 리더로 등장하면 '이번엔 다를 거야'라고 사람들이 생각하지 못하기 때문이다. 아무리 뛰어난 실력이 있어도 대중의 기대를 모을 수 없다면 영웅에 적합하지 않다고 생각한다.

그렇다면 정말 위기 상황에 필요한 리더십은 무엇일까? 우리는 보통 리더는 나이가 많고 학식이 풍부한 사람이어야 한다고 생각한다. 그래야 현명한 결정을 내리고 사람들을 이끌어갈 것이라고 믿기 때문이다.

사람들은 위기에 처하면 과거의 습관대로 움직이게 된다. 새로운 방향에 대한 확신을 갖지 못하고 과거에 얽매이게 되는 것이다. 결국 과거의 리더십에 다시 의존하게 되는 현상이 일어난다.

하지만 위기 상황에서의 리더는 학식과 직급보다는 권력을 나누어 줄줄 알며 사람들을 챙길 수 있는 사람이어야 한다. 위기 상황에서는 매뉴얼에 따라 사람들이 움직이지 않는다. 한마디로 통제가 되지 않는다는 것이다. 그럴수록 권력형 리더가 아닌 권한 분산형 리더가 필요하다. 즉, 불확실성의 위기 시대에 필요한 건 강력한 리더도 아니고 뛰어난 학식을 가진 리더도 아니다. 사람들이 하나로 뭉쳐서 움직이도록 하는 관계형, 수평적 리더가 필요하다.

그런데 현실은 어떠한가. 서두에서도 이야기했듯 과거에 성공한 인재들, 또는 화려한 이력의 인재들을 영입하고 그들이 해결할 것이라고 믿고 있지 않은가.

위기 의식은 CEO나 임원들만 공유해야 하는 것은 아니다. 전 직원이 각자의 위치에서 위기를 공감하고 이를 극복하는 일에 동참해야 한다. 또한 현재의 위기를 대처하는 것만이 아니라 미래를 준비하는 일도 함께할 수 있어야 한다.

군중을 잘 이끄는 리더는 권력형 리더가 아니다. 사람들에게 심리적인 안정감을 제공할 수 있는 사람이어야 한다. 정답이 아니라 오답이라도 마음껏 의견을 개진할 수 있게 하는 분위기를 만들어야 하고, 자신의 문제를 공유하면 문제를 질책하기보다는 함께 개선책을 찾을 수 있는 사람이어야 한다. 소통에 어려움이 없이 언제나 함께 의견을 개진할 수 있어야 한다.

그러기 위해서는 기존의 인재 프레임을 벗어나야 한다. '영웅은 난세에 탄생한다'라는 말이 있다. 과거의 리더십은 더 이상 통용되지 않고 새로운 유형의 리더가 탄생해야 하는 시점이다.

세상의 빠른 변화에 유연하게 대처하려면 과거와 같이 직급에 의한 통솔은 무의미하다. 전문성을 갖고 창의적으로 해결책을 도모하며 과감하게 도전할 수 있는 리더여야 한다. 사람들이 함께 도전하고 창조하고 협력하도록 이끌어 줄 리더가 지금 시대에 필요한 리더다.

코로나19로 재택근무가 많아지면서 더더욱 과거의 리더십은 힘을 발휘할 수 없게 되었다. 온라인으로 소통하고, 빠르게 일을 처리해내는 능력이 우선시되고 있다. 많은 사람을 통솔하는 개념은 더 이상 의미가 없다. 사람과 사람 사이를 연결해주고, 문제를 해결해주는 역할이 더 부각되고 있다.

최고경영자는 지금이 아니라 미래에 맞춰 선발해야 한다. 새로운 유형의 인재는 전문성을 바탕으로 사람들을 잘 배려하는 사람이어야 한다. '통솔'이 아니라 '관심'과 '배려'를 바탕으로 사람들을 관리해야 한다.

서로 떨어진 공간에서 일하면서 점점 결속력이 무너지고 개개인의 심리적인 케어가 중요해지고 있다. 한 팀이라는 개념을 인지하기가 점점 힘들어지고 있다. 모두를 하나로 만드는 일도 온라인으로 해야 하는 상황이다. 대면으로 일할 때와 다르게 서로의 생각과 감정을 교류하기가 더더욱 힘들어졌다.

이런 상황에서는 상대방에게 질문을 잘하는 능력과 업무의 프로세스를 디테일하게 설계하는 능력이 더욱 필요해진다. 과거의 리더에게 필요했던 '카리스마 리더십' 보다는 소통과 네트워크가 필요한 '디지털 리더십'이 중요해진 셈이다.

'새 술은 새 부대에'라는 말이 있다. 이 시대의 인재상, 이 시대의 진정한 리더는 새롭게 정의하고 새롭게 발굴해내야 한다. 낡은 관습은 버려야 한다. 이 시대에 필요한 구원투수는 시대의 변화에 적응이 빠른 변화무쌍한 인재여야 한다. 시대에 순응하고 복종하는 유형이 아닌, 편견에 맞서고 고정관념을 버리고 창의적으로 문제를 해결하는 디지털형 인재여야 한다.

하나의 사고에 갇히지 않고 통찰력을 가지고 융합된 사고를 하는 사람이어야 한다. 특정 분야에만 전문성이 있어서도 안 된다. 모든 분야를 넘나들며 사고를 하는 사람이어야 한다. 그러려면 끊임없이 학습하고 자기혁신을 하는 사람이어야 할 것이다. 그러니 CEO나 임원을 영입할 때의 판단 기준이 더 이상은 '조직을 이끄는 강력한 힘', '과거의 업적', '전문성'에 국한되면 안 될 것이다.

우리에게 필요한 인재는 한마디로는 규정하기 어려운 복합형의 4D형 인재여야 할 것이다. 그리고 불확실성에 두려워하지 않고 도전할 수 있는, 세상이 기다리는 구원투수의 인재다.

05

목표를 제시하는 사람이 필요하다

리더라고 하면 어떤 모습이 가장 먼저 떠오르는가? 수많은 회의로 바쁜 일정을 보내는 사람일까? 구성원들의 업무 진척도를 확인하며 관리하는 사람일까? 각자 경험한 회사와 리더에 따라 다른 모습들을 상상할 수 있을 것 같다.

가끔 구성원들과의 면담을 중심으로 일정을 소화하며 여유로운 모습으로 조직을 이끌어가는 리더를 볼 수 있다. 그들은 놀랍도록 많은 권한을 위임하고 일정 관리나 성과 관리보다는 협의한 방향에 맞게 잘 가고 있는지, 도와줄 점은 없는지를 함께 논의한다.

가끔 바쁘게 일을 하는 것이 열심히 일하는 것이라는 생각이 들 때가 있다. 어쨌든 내가 최선을 다했다는 생각이 들기 때문이다. 하지만 올바른 방향으로 바쁘게 일하고 있는 것인지를 누가 묻는다면 '그렇다'라고 명확히 답할 수 있는 사람은 많지 않다. 하지만 "지시하신 대로 잘하고 있습니다"라고 답하는 사람은 많을 것이다. 목표와 방향은 위에서 정해주는 것이고 나는 정해주는 대로 성실히 수행하면 된다고 생각하는 것이다.

정말로 목표는 위에서 지시하는 것이 옳을까? 정해진 목표에 따라 구성원들은 기계적으로 수행만 하면 되는 걸까?

기업에서 인재 채용을 진행할 때 기계적으로 일을 잘 처리할 사람을 뽑지는 않는다. 문제를 얼마나 잘 해결하는가, 얼마나 주도적인 삶을 사는 사람인가를 중점적으로 본다.

경력이 많거나 리더라고 해서 목표를 세우고 구성원들에게 전달해야 하는 것은 아니다. 회사가 나아가야 하는 방향성은 리더들이 모여서 협의하고 공유해줄 수는 있다. 물론 그 또한 리더들만의 역할은 아니고 구성원 모두가 동참하면 더 좋은 일이다.

하나의 협의되고 공유된 방향성 하에서 부서 간, 개인 간의 목표는 스스로 수립하는 것이 옳다. 그리고 그 목표를 타 부서, 동료와 공유하고 서로 간의 목표가 잘 어우러질 수 있도록 잘 협업해서 추진할 수 있도록 합의점을 찾아나가는 것 또한 모두의 몫이다.

사람들은 자신이 의사결정에 참여한 일에 대해서는 스스로 동기부여가 된다. 본인도 의사결정에 대한 책임이 있다는 것을 인지하기 때문이다.

그런데도 여전히 리더의 역할은 명확한 목표와 비전을 제시하는 일이다. 개개인이 수립한 목표가 회사의 방향과 맞는지를 판단하고 조율하는 역할을 해야 한다.

회사의 방향과 구성원들의 의견이 다를 때, 구성원들의 의견과 상관없이 일방적인 지시를 내려서는 안 된다. 리더는 회사가 나아가고자 하는 방향을 정확히 전달해서 구성원들을 이해시키고 의견을 수렴해야 한다.

경영진의 의사결정을 전달해야만 한다면 구성원들에게 그 배경을 설명하고 모두가 이해하고 함께 같은 방향으로 나아갈 수 있도록 마음을 움직이는 일도 해야 한다.

리더만 짐을 짊어진다고 생각할 수 있다. 그렇다. 리더는 외롭고 힘든 자리다. 일 잘하는 것보다 사람들을 이해시키고 이끌고 가는 것이 훨씬 어려운 일이다.

모두가 다 개성이 강하고 능력이 다른 사람들 하나의 방향으로 그것도 각자의 방식으로 갈 수 있도록 한다는 것은 보통 어려운 일은 아니다. 그래서 더더욱 회사의 비전에 대해서 명확히 공유하고 합의하는 과정이 필요한 것이다.

《리더에게 길을 묻다》라는 책에서 다음과 같은 이야기가 나온다.

"리더라면 조직원을 먼저 한 배에 태울 줄 알아야 하며, 구성원들에게 자신감을 불어넣어야 한다. 구성원에게 가장 큰 동기부여를 주는 것은 지금 노력하는 것이 효과가 있을 때다. 진정한 리더는 구성원들이 지금 우리가 하는 일이 잘되고 있다고 느끼게 하고 성과를 도출하는 사람이다."

즉, 리더는 구성원들이 '스스로 목표를 제시하는 사람'이 되도록 하고, 자신감 있게 실행하고 성과가 나도록 이끌어야 한다.

높은 성과를 이루는 기업의 리더들은 현실적인 목표와 실행 우선순위에 대해 구성원들과 잘 협의한다. 구성원들이 두려움 없이 실행 가능한 수준의 목표를 수립하도록 돕는 것이 중요하다. 너무 높은 목표를 수립하면 구성원들이 스스로 쉽게 포기해버릴 수 있다. 자신감이 넘쳐서 높게 목표를 잡는 구성원이 있다 하더라도 단기적으로 달성 가능한 목표로 조정해주는 것이 중요하다.

그리고 실패하더라도 용기를 북돋아 주는 것이 필요하다. 실행하다 보면 수많은 실패를 경험할 수밖에 없다. 실패에 대해 질책하거나 책임을 묻는다면 어느 누구도 혁신적이거나 도전적인 일을 하려고 하지 않을 것이다.

실패를 통해 배움을 얻을 수 있는 선순환 구조를 만드는 조직문화를 만들어야 한다. 구성원 혼자서 독단적으로 의사결정을 하고 진행한 것이 아닌, 리더와의 합의를 통해 진행하는 것이니만큼 구성원에게 책임을 물어서는 안 된다. 그렇다고 아무도 책임지지 않는 문화를 만들라는 의미는 아니다. 안전한 울타리 내에서 스스로 도전적인 목표를 세우고 부딪혀보라는 의미로만 해석하는 것이 바람직하다.

효율성만 중시하거나 미투(Me Too) 전략으로 선도 기업을 따라 하는 조직은 '시키는 대로만' 일하는 데 익숙하다. 그러나 새로운 가치를 만들어내야 하는 조직에서는 아무도 정답을 알 수 없기 때문에 리더 혼자 결정을 내리고 무언가를 지시할 수 없다.

가설을 세우고 빠르게 실행해보면서 '실행을 통한 반복 학습'을 통해 함께 성장하는 방식을 취해야 한다. 리더 혼자서 결정하고 업무를 내리는 방식은 위험할 뿐 아니라, 구성원들을 움직일 수 없다. 유연하고 말랑말랑한 사고로 접근해야 세상에 없는 새로운 가치들을 발굴해내고 시장에 적용해볼 수 있다. 수평적인 조직문화가 뒷받침되어야 한다.

집단 지성의 힘, 다양한 개성과 능력을 지닌 구성원들과의 협동력이 빠르게 변해가는 시장에서 혁신적인 서비스, 제품을 만들 수 있는 바탕이 된다.

신규 사업은 새로운 영역에 대한 발굴이 필요한 일이기 때문에 새로운 인력으로 새로운 조직을 만들어서 시작하는 것이 좋다. 기존 조직들은 회사의 자원이나 한계점을 너무 잘 알고 있기 때문에 ROI(Return on Invest)가 높은 사업들을 발굴해낼 수 있겠지만, 반면에 사고의 틀을 깨기 어렵다.

반면 새로운 조직은 조직의 한계를 생각하지 않고 '해야 하는 일', '시장이 필요로 하는 일'에 집중한다. 그리고 그 일이 정해지면 '어떻게' 할 것인가를 고민한다. 기업의 한계를 넘어선 사고를 해야 하므로 더더욱 기존 조직의 리더들에 의한 업무 지시는 어울리지 않는다.

리더가 아니더라도 구성원이 스스로 목표를 제시하는 문화가 정착되면 더 유연하고 빠른 조직 운영이 가능해진다. 수많은 보고라인을 거쳐 의사결정을 하고, 또 결정된 계획을 다시 내려서 실행하게 하는 기존 방식의 조직 운영체계가 지금의 시대에는 더 이상 기업의 경쟁력 확보에 도움이 되지 않는다.

　책임감을 바탕으로 개개인에게 자율성과 목표의식을 가지게 해야
한다. 조직문화를 바꿔 나가는데 많은 어려움이 있겠지만, 그렇게 만
들어진 유연한 조직문화는 기업 지속적인 성장을 위한 막강한 자원
이 될 것이다.

06

기업은 새로운 가치를
창조하는 사람을 찾는다

19세기 철학자 니체(F. W. Nietzsche)는 "새로운 소란을 일으키는 사람이 아니라 새로운 가치를 창출하는 사람을 중심으로 세계는 돈다. 소리 없이 그렇게 돈다"라고 했다. 니체는 실존 철학의 선구자로 기존의 통념을 완전히 부쉈다고 해서 '망치를 든 철학자'라고 불리기도 한다. 시대를 막론하고 새로운 개념을 세상에 알리는 사람들은 존재했고, 그들에 의해 세상은 진화하고 있다고 해도 과언이 아니다. 같은 문제에 맞닥뜨리게 되더라도 다르게 문제를 해결하는 사람들이 있다. 그들은 본인의 경험을 토대로 새로운 공식을 만들어내고, 자신이 만들어낸 공식을 기업 내 전파해서 성장을 도모한다.

현대자동차는 '기업의 핵심 경쟁력은 사람'이라는 원칙을 기본으로 세계 초일류 자동차 기업으로 도약하기 위한 인재육성 전략을 실천해나가고 있다. 특히 현대자동차는 'New Thinking. New

Possibilities(새로운 생각이 새로운 가치를 창조한다)'라는 새로운 브랜드 슬로 건과 연계해 'New Thinking Creator, New Possibilities Explorer' 라는 새로운 인재상을 강조한다. 이는 열린 마음과 신뢰를 바탕으로 새로운 가치를 창출하는 사람, 지속적인 혁신과 창조를 바탕으로 새로운 가능성을 실현하는 사람을 의미한다.

사람들은 늘 새로운 것을 꿈꾼다. 경쟁이 심한 비즈니스 세계에서는 더욱 심하다. 그 새로움을 기업가들에게 요구하지만, 기업가 혼자서만 짊어져서는 결코 얻을 수 없다.

우리는 종종 '기업가 정신'이라는 말을 한다. 기업가 고유의 가치관 내지는 기업가적 태도를 말한다. 특히 기업 활동에서 계속적으로 혁신해나가려고 하며 사업 기회를 실현시키기 위해 조직하고, 실행하고, 위험을 감수하려고 한다. 또한, 조직과 시간 관리능력, 인내력, 풍부한 창의성, 도덕성, 목표설정 능력, 모험심, 유머 감각, 정보를 다루는 능력, 문제해결을 위한 대안 구상 능력, 새로운 아이디어를 내는 창조성, 의사결정 능력, 도전 정신 등이 필요하다.

비트코인은 '나카모토 사토시(Satoshi Nakamoto)'라는 아직도 그가 누구인지 정체가 밝혀지지 않은 인물에 의해 탄생한 '사이버머니'다. 화폐는 각 국가의 중앙은행에 의해 만들어지고 통제되는데, 비트코인은 그 룰을 완전히 무너트린 새로운 종류의 화폐가 되었다.

아직 비트코인이 완전히 화폐로 인정받지 못하고 일종의 자산, 디지털 금이라고 생각되고는 있지만, 화폐에 대한 관념을 완전히 무너트렸고 탈중앙화 금융을 이끌어낸 새로운 발견이라고 할 수 있다.

NFT의 등장도 새롭다. 대체 불가능한 토큰(Non-Fungible Token)이라는 의미로 기존 가상자산과 다르게 디지털 자산에 별도의 고유 인식값을 부여한 새로운 개념의 자산이다. 블록체인 기술을 기반으로 하고 있지만 비트코인과는 완전히 다른 개념을 탄생시켰다.

이러한 디지털 자산의 등장으로 전 세계 경제시장이 움직이고, 새롭게 등장한 화폐를 활용한 다양한 비즈니스들이 탄생하고 있다. 새로운 가치의 등장이 또 다른 가치들을 연쇄적으로 만들어내고 있는 것이다.

소비자들도 새로운 가치를 창조하는 일에 동참하기도 한다. 그들은 '크리슈머'라고 불린다. 제품을 창의적으로 활용해서 새로운 가치를 창조하는 역할을 한다. 제품 고유의 가치에 새로움을 더해 이야기를 만들고 이를 확산시키는 역할을 한다.

소비자들이 더 이상 만족도 조사에 응하는 수준을 넘어서 기업에 신제품 출시를 요구할 정도로 시장 생산에 적극적으로 기여하고 있다. 이종 제품 간의 결합을 통해 새로운 가치를 발견하기도 하고, 전혀 생각하지 못했던 활용처를 개발해내기도 한다.

이러한 현상은 디지털 매체가 발달하고 소비자들 간의 경계 없는 자유로운 소통을 통해 무한 확대 생산된다. 제품을 만든 장본인들조차 생각하지 못했던 아이디어들을 쏟아내고 스스로 재미있는 소비문화를 유행시키고 그 문화를 즐긴다니 고맙고도 아이러니한 일이다.

4차 산업혁명 시대가 되면서, 기존의 사고를 완전히 뒤엎는 것들은 점점 더 많아지고 있다. 새로운 가치는 '융합'을 통해 무궁무진하게 만들어지고 있다. 대학에서도 '융합 과학', '융합 비즈니스' 학과들이 생겨나고 있을 정도다.

기존에 생각하지 못했던 것들의 융합만으로도 새로움은 탄생한다. 마치 점 하나만 찍으면 새로운 글자가 되는 것처럼 무궁무진한 발견이 가능하다. AI 기능을 활용한 대화형 스피커, 자율주행 자동차 등도 융합과학을 통해 탄생한 새로운 가치다.

새로운 기술을 만들어내는 것은 어려운 일이지만, 융합을 통해 새로운 가치를 만들어내는 것은 작은 아이디어만으로도 시작이 가능하다. 이제는 기술력보다는 그 기술을 활용한 가치를 누가 더 빨리, 더 쉽게 적용하는가가 비즈니스의 성공을 좌우하는 시대가 된 것이다.

채용 인터뷰를 진행하다 보면 한 번도 생각해보지 못했던 새로운 답을 내놓는 사람들을 만나기도 한다. 단순히 아이디어에 그치느냐, 그것을 구체화해낼 능력이 있느냐에 따라 채용 여부가 결정되기는 하지만 일단 새로운 사고를 한다는 것 자체로 관심이 간다.

루틴한 일만 처리하기 위해 사람을 뽑지는 않기 때문이다. 그런 일은 이제 얼마든지 자동화될 수 있고, 아르바이트를 써도 된다. 채용의 문턱은 점점 높아져만 간다.

나 또한 많은 질문들을 받아왔다. 내가 성공시킨 프로젝트가 해당 업종에 어떤 새로운 가치를 만들어냈는가, 시장의 판도를 어떻게 바꾸었는가를 설명해야 하는 일들이 많았다.

이전에 해왔던 성공방식을 그대로 따라 해서 이루어낸 성공은 나의 능력으로 인정받기 어렵다. 다른 사람은 생각하지 못 했던 방식을 도입하고 가치 있는 결과로 이끌어내는 것이 필요한 것이다.

AI 시대가 도래하면서 우리는 기계보다 인간이 더 나음을 증명해야 하는 상황이 되었다. 인간이 오랜 시간 동안 이룬 것들을 AI는 순식간에 처리한다. 인간보다 실수할 확률도 훨씬 낮다.

AI가 대체할 수 있는 직업순위도 회자되고 있다. 사라질 위험성이 높은 직업은 텔레마케터, 컴퓨터 입력요원, 법률비서, 경리, 분류업무 등 대부분 화이트칼라 사무직이다. 우리가 기계로 대체된다니 기계를 만들어낸 인간에게는 잔인한 일이다.

하지만 AI를 잘 활용하면 쓸데없는 일에 소요되는 시간을 줄이고 의미 있는 일에만 집중할 수도 있다. 말만 하면 문서를 만들어주는 AI 음성 인식 서비스가 생기면서 회의록을 작성하는 수고로움도 덜 수 있고, 매일 아침 업계 트렌드 파악을 위해 뉴스를 수집하고 공유하는 것도 프로그래밍 코드 몇 줄이면 자동화할 수 있다.

말 그대로 내가 하는 루틴하고 비생산적인 일들을 AI가 대신해주기 때문에 나는 조금 더 생산적인 일에 시간을 투자할 수 있게 되는 것이다.

시대가 변하면 인재상도 변하기 마련이다. 개미와 베짱이 동화로 우리에게 근면하고 성실함을 더 이상 강요할 수 없다. 기계가 대체할 수 없는 능력을 가진 자가 되어야 한다. 당연하다고 여겨지던 것들을 의심하고, 창의적인 능력을 발휘할 수 있는 사람이 되도록 하자.

07

현재의 성공이 미래를
보장하지 않는다

현재의 성공에 만족하면 성장할 수 없다. 무언가를 변화시키고 성장시키려면 새로운 성장 모델을 만들어야 한다. 매번 같은 행동을 하면서 다른 결과를 바라는 것은 어리석은 일이다. 결국, 내가 되고자하는 목표를 설정하고, 그 사람이 되기 위해 나 자신을 성장시켜 나가야 한다.

성장의 방식은 여러 가지가 있다. 꾸준히 자신의 길을 걸으며 천천히 올라가는 방법도 있고, 나라는 사람을 세상에 알려서 성공의 대열에 올라가는 방법도 있다.

나는 20년이 넘는 시간 동안 꾸준히 나의 길을 걸어온 사람이다. 그러나 어전히 제자리고, 성공이라는 단어는 멀게만 느껴진다. 그래서 나는 나를 표현할 수 있는 '타이틀'을 만들어서 보다 쉽게 사람들에게 나를 알리기로 했다.

나는 일 잘한다는 소리를 줄곧 들어 왔다. 하지만 특출나게 인정받거나 초고속으로 승진하거나 하지 않는 평범하고 성실한 직장인이다. 인정받기 위해 석사학위도 2개나 취득했지만, 그 어떤 학위도 미래를 보장해주지 않는다는 것을 깨달았다.

나는 지금의 내가 아닌 전혀 새로운 나를 만들어줄 또 다른 무기가 필요했다. 이력서에 나의 업무성과를 빼곡히 기록할 수는 있다. 하지만 여전히 나를 표현할 수 있는 한 단어는 무엇일지 명확히 정의할 수 없었다. 나를 설명할 수 있는 단어를 찾고 싶었다.

그렇게 되면 하고 싶은 일, 일하고 싶은 기업의 입사 기회를 얻는 것이 조금은 수월해질 거라 생각한다. 전문가로서 강연도 하고, 유명 기업의 입사 제안도 더 많이 받게 되지 않을까?

그동안 내가 해 온 일들을 되돌아보자. 나는 주어진 일을 분석하고 전략을 세우는 일에 탁월한 재능이 있다. 나는 내가 담당하는 사업부만이 아니라 다른 사업부 전략을 세우는 일도 의뢰받아서 진행하고는 했다. 그 사업에 대해 전혀 아는 것이 없었지만, 자료를 읽고 몇 번의 인터뷰를 진행해 보면 현황분석 및 전략 수립이 가능했다. 그래서 나는 스스로 사내 컨설턴트라고 생각하며 일했다.

그러다 정식으로 '컨설턴트'라는 타이틀을 가지고 일하면 좋겠다는 생각에 외국계 컨설팅회사로 이직했다. 20년간 정체성을 고민만 하다가 나를 설명할 수 있는 하나의 단어를 찾는 순간, 새롭게 전문가로 거듭나는 기분이 들었다. 나라는 사람은 변한 것이 없는데 말이다. '일 잘하는 팀장'에서 '컨설턴트'로 타이틀이 바뀌는 순간, 공식적으로 인정받게 된 기분이라고 해야 할까?

　컨설팅은 기회를 만드는 일부터 시작한다. 그리고 불가능을 가능하게 만든다. 가능해진 일은 또 다른 기회로 만든다. 컨설턴트로 일하면서 많은 성공 사례를 만들어가고 있다. 하지만 이러한 결과물들이 나의 미래를 보장해 주지는 않을 것이다. 그래서 미래의 기회를 만들기 위해 나의 경험과 지식을 알리는 책을 출간해야겠다고 생각했다.

　자신의 경험과 생각을 담은 책을 출간하는 것은 누구나 꿈꾸는 일이다. 나는 예전 회사에서 대표님이 집필하신 책을 마케팅하는 업무를 담당한 적이 있다. 그때 알게 된 출판사와 일하며 알게 된 동료들과 함께 책 쓰는 일을 기획한 적이 있다. 하지만 여러 명이 함께 집필하다 보니 내용의 통일성이나 글 쓰는 관점이 달라 책 출간은 원활하게 진행되지 않았다. 그렇다고 혼자서 쓰기에는 부담이 되었다. 결국, 나의 책 쓰기는 영원한 버킷리스트로 남아 있게 되었다.

　어떻게 다시 시작할 수 있을까 고민하다 전문가의 도움을 받기로 했다. 책 쓰기 관련 내용을 검색하다 자연스럽게 '한책협'의 <책 쓰기 과정>을 알게 되었다. 이 과정을 시작하면서 막연하던 생각들이 명쾌해지고 글쓰기에 대한 두려움이 완전히 사라졌다. 책의 제목을 정하고 목차를 정하고 원고를 쓰는 과정들이 순식간에 진행되었다. 이렇게 순식간에 진행될 수 있는 일을 나는 왜 수년간 해내지 못했을까? 과정 시작 3주 만에 출판사와 계약이 성사되었다.

한책협의 김태광 대표는 그만의 책 쓰기 성공 노하우를 집약해 과정을 운영하고 있었다. 또한, 그는 단순히 책 쓰기만을 알려 주지 않는다. 끊임없이 동기부여하고 격려하며 사람들의 꿈과 미래를 설계해준다. 나도 막연하게 꿈꾸던 책 쓰기 목표에 대해 이 과정을 통해 한 번 더 다짐하고 준비하는 계기를 가지게 되었다.

책 출간을 준비하면서 나는 자연스럽게 새로운 기회들을 고민하고 설계하기 시작했다. 컨설턴트로 일한 경험을 토대로 향후 기업 컨설팅뿐만 아니라, 취준생과 직장인을 위한 커리어 컨설팅 활동도 해야겠다는 생각을 하고 있다. 다른 기업, 다른 이들의 성장을 도우면서 나도 함께 성장할 수 있는 일은 충분히 매력적이고 뿌듯한 일이 되리라 생각한다.

기업에서도 스스로 꾸준히 성장하는 사람, 자신의 존재를 명확히 드러낼 수 있는 사람을 선호한다. 두루두루 일 잘하는 사람보다, 이름만 들어도 어떤 유형의 사람이고 어떤 일을 잘하는지 모두가 공통적으로 이야기하는 사람 말이다. 그래야 내게 적합한 일이 돌아오고, 또 사람들의 기대치에 부응하기 위해 더 열심히 전문성을 쌓아나가는 선순환을 만들어낼 수 있다.

나의 미래를 만들어가는 일, 그리고 나의 미래가치를 높이면서 회사의 미래도 함께 만들어갈 수 있는 사람. 모든 기업에서 찾고 있는 인재의 조건이 아닐까?

미래를 위한 또 다른 성공방식으로 협업이 있다. 이미 성공의 대열에 올라간 브랜드들도 또 다른 기회를 만들기 위해 다른 브랜드들과

콜라보레이션(Collaboration)을 한다. 그렇듯 개인도 다른 사람과의 협업을 통해 기회를 만들어갈 수 있다. 개개인의 능력, 브랜드를 어떻게 조합해 협업하는가에 따라 우리는 수천, 수만 가지의 색다른 결과물을 얻을 수 있다.

협업은 나의 팀 동료들과 할 수도 있고, 경쟁 관계에 있는 사람들과 할 수도 있다. 팀 동료들과의 협업은 동료들과 함께 혹은 동료들의 성장계획을 구체화해주고 함께 진행하는 데서부터 시작되어야 한다.

동료들의 성장을 돕기 위해서는 조직의 혁신을 이끌어 가는 것 또한 중요하다. 잠깐의 성공에 만족하고 박수치는 문화가 아닌, 몰입해 효율을 높이고 동료의 성장 기회도 만들어줄 수 있어야 한다. 함께 성장하고, 변화를 이끌어 갈 수 있는 사람, 나와 조직의 미래의 기회를 만들어갈 사람이 되어야 한다.

업계마다 '○○○팀'이라고 불리며 놀라운 성과를 만들어내는 전문가 집단이 있다. 개개인들도 다들 출중한 능력을 가진 인재들이지만, 함께하면서 더 큰 시너지를 내고 많은 기회를 얻는다. 나에게 맞는 조직, 나에게 맞는 팀, 나에게 맞는 사람들을 찾아서 함께 일하는 기회를 만들어가는 것. 그것도 지금의 나를 넘어 한 발짝 더 성장하는 기회를 만들어내는 방법이 되는 것이다. 자신과 동료들을 함께 브랜딩하며 성장시키는 것만큼 좋은 성공 방법은 없다.

《실리콘밸리의 팀장들》이라는 책을 보면 조직의 협업을 이끄는, 다음과 같은 좋은 방법이 나온다.

"전통적인 '인재관리' 사고방식에서 '성장 관리' 사고방식으로 넘어갈 때, 모든 구성원이 각자의 꿈을 추구하고 조직 전반이 꾸준한 개선을 거둘 수 있다. 창조성이 흘러넘치고, 효율성은 증가하고, 협력은 활성화된다."

협력의 시너지를 만들기 위해서는 각자의 꿈, 각자 이 일을 하는 목표와 동기가 무엇인지 아는 것이 필요하다. 그리고 그 개개인들을 각자의 자리에서 열심히 움직이게 만드는 것이 필요하다. 동료들의 성장이 나의 성장을 방해하거나 뒤처지게 할 것이라는 편견은 버려라.

기회를 만드는 사람들의 특징이 있다. 끊임없이 자신을 괴롭힌다. 지금에 만족하지 않는다. 자신을 발전시켜 나갈 수 있는 일을 찾고, 함께할 동료, 전문가를 찾는다. 나만의 성공에 집착하지 않고, 다른 사람의 성공에 기여하면서 나도 함께 성장한다. 그리고 함께한 사람이 또 다른 기회를 가져다주기도 한다.

현재의 내가 앞서가고 있다고 자만하지도 말아라. 혼자서 모든 일을 다 잘할 수는 없다. 함께하면 조금은 더 쉽다. 다양한 사람들의 다양한 네트워크, 다양한 배경들을 함께 공유함으로써 더 많은 기회를 만들어갈 수 있을 것이다.

08

게임의 룰을 바꿔라

우리는 태어나면서부터 경쟁 상황에 놓인다. 학교에서는 성적으로, 회사에서는 실적으로, 심지어 집에서는 옆집 사람과 비교된다. 디지털 세상에선 팔로워(Follower)나 '좋아요' 수로 경쟁하기도 한다.

무한 경쟁 시대, 경쟁에서 이겨야 더 빨리 위로 오르고 더 많이 번다. 하지만 그렇다고 해서 직장 내에서 경쟁에서 이기기 위해 수단과 방법을 가리지 않는 것은 바람직하지 않다.

나는 평소 '야망 있는 평화주의자'라는 말을 자주 한다. 정정당당하지 않은 경쟁을 하거나, 일로 승부하는 것이 아닌 다른 것으로 승진하는 사람을 인정하지 않는다. 바보 같은 말이라고 하는 사람들도 많을 것이다. 하지만 그것이 나의 방식이고 그 방식을 지켜왔기 때문에 지금까지 흔들림 없이 꾸준히 성장해왔다고 자부한다.

실적 중심으로 평가받는 경쟁 상황에 대치하지 않도록 새로운 서비스를 만들어서 완전히 다른 기준으로 나의 일을 인정받거나, 나의 업무 범위를 넓혀서 나의 역할을 다르게 만들기도 했다. 남들과 같은 일률적인 잣대로 평가받는 것을 원치 않았기 때문이다.

조직에서의 성과 평가방식은 공정하지 못한 경우가 많다. 개개인의 장점이 있고, 다양성이 모여 창의적인 서비스를 만들어낼 수 있다고 생각하는데 모두 동일한 기준으로 평가를 받는다는 것은 아이러니하다. 새로운 평가방식에 대한 의견을 제안해보기도 했지만, 변화된 방식이 적용되는 데는 상당한 시간이 필요했다.

최근 넷플릭스의 이야기를 다룬 《No rules rules》라는 책이 나왔다. 넷플릭스만의 통념을 깬 다양한 규칙들을 설명한 책이다. 넷플릭스는 휴가 일수의 제한을 없앴고, 출장이나 경비 규정도 없앴다. 어떤 의사결정도 승인받지 않고 본인이 옳다고 생각하는 아이디어는 실행할 수 있도록 했다.

오래 전부터 생각해왔던 이상적인 기업 문화가 모두 반영된 것 같아 관심이 간다. 하지만 자유가 주어지는 만큼 책임의 무게는 더욱 클 것이다. 우리나라도 IT 업계나 스타트업에서 비슷한 제도들을 도입하기 시작하는 것 같다. 제도는 제도일 뿐 현실은 다르다고 말하는 사람들도 있겠지만 그래도 시도되고 있다는 점에서는 고무적이다.

생각해보면 우리는 너무나 많은 고정관념에 사로잡혀있는 것 같다. 재택근무를 하면 일이 되지 않는다는 생각은 코로나19로 인해 그 인식이 완전히 바뀌었다. 주 5일 근무에서 주 4일 근무로 바꾼다고 해서 생산성이 줄어들지 않았음을 입증하는 기업들도 생겼다. 더 이상 일을 잘하는 것이 자리에 오래 앉아있는 것을 의미하지는 않기 때문이다.

회사에선 매년 팀마다 개인마다 목표를 수립하고 연말에 혹은 분기마다 평가를 한다. 나와 회사가 합의한 목표를 얼마나 달성했는지 점수화하고 어떤 점이 부족했는지 피드백을 받는다. 연말에 받는 평가는 마치 연기대상이나 연예대상처럼 연말에 성과가 좋은 사람이 유리한 경우가 많다.

평가자도 사람이기 때문에 아무리 연초에 좋은 성적을 거두었다 하더라도 연말 성적이 좋은 사람보다 더 좋은 평가를 받기 어렵다. 평가의 기준이 100% 숫자가 아니고 정량적 평가와 정성적 평가가 함께 이루어지기 때문이다.

일하는 과정을 꼭 인정받아야 할까? 혹시 결과에 자신이 없어서 정성적인 평가의 비중을 높이고 싶어하는 것은 아닌지 자신에게 물어보자. 정량적으로만, 그리고 연말 한번이 아닌 분기마다 평가받겠다고 제안하면 어떨까? 주관적인 판단으로 인한 불공정이 걱정된다면 당당하게 제안해보자. 단언하건대 거절할 상사는 지구상에 아무도 없다.

정성적으로만 평가받으면 숨도 못 쉬고 일만 해야 하는 것 아니냐고 생각할 수 있다. 하지만 일하는 시간과 성과가 정말 비례할까?

게으를수록 훌륭한 프로그래머가 된다는 말이 있다. 최대한 일을 덜 하기 위해 최고의 프로그래밍을 한다는 것이다. 잘 짜여진 프로그램은 실행키 한 번만 누르면 내가 목적한 대로 열심히 작동된다. 나의 성과를 올리기 위한 잘 짜여진 프로그램은 무엇일까?

남들이 나를 위해 일하게 만들면 된다. 시키기만 하는 비호감 직원이 되라는 말은 아니다. 나 혼자 열심히 해서 얻는 성과가 아니라 내가 만들어놓은 판에 남들이 적극적으로 참여해서 나의 일이 스스로 발전되게끔 구조를 만들어야 한다는 뜻이다.

내가 운영하는 서비스의 사용자 트래픽을 높이는 것이 목표라면, 조직 내 빛을 보지 못하고 있는 팀의 자원을 활용해서 서비스 개선안을 만들어보자. 이미 좋은 성과를 올리고 있는 팀은 다른 부서와의 협업에 관심을 보이지 않는다. 하지만 도움이 절실한 팀은 작은 기회에도 적극적으로 반응한다.

일종의 플랫폼 효과다. 내가 만든 룰에 동참시킴으로써 성공의 키를 쥐게 되는 것이다. 물론 협업을 제안하려는 팀의 성과가 낮은 이유가 불성실함 등 태도의 이유라면 당연히 제외해야 할 것이다. 훌륭한 자원을 가지고 있으나 기회가 적은 팀을 분별해내는 것도 능력이다.

"내가 먼저 만들면 나의 룰이 기준이 되고, 남이 먼저 만들면 나는 게임의 말이 된다."

많은 기업들이 시장점유율을 높이기 위해 출혈 경쟁을 한다. 정해진 시장 규모 내에서 땅 따먹기를 하는 것처럼 고객들을 뺏어오고 뺏기고를 반복한다. 차별화된 서비스를 만들어서 고객들의 관심을 끌고 충성도를 높이려고 노력도 한다. 하지만 차별화라고 생각했던 것들을 수 개월 뒤면 경쟁사도 제공한다. 말 그대로 무한경쟁이 반복된다.

기업들의 경쟁이 심해질수록 고객은 점점 더 좋은 서비스를 계속 받을 수 있지만, 기업은 점점 수익성이 낮아지는 결과를 낳는다.

그렇다면 어떻게 해야 수익성도 보존하면서 고객을 뺏기지 않고 사업을 성장시킬 수 있을까? 고객들이 여러 기업의 서비스를 비교해가며 이용하지 않게 할 방법이 있을까?

e커머스 시장에서 무한 성장 가도를 달리고 있는 쿠팡은 고객의 인식 속에 '쿠팡 없이 어떻게 살았을까?'라는 생각을 심는 것을 목표로 한다.

세상에서 가장 빠를 것 같은 로켓배송, 단건 배달로 1위 업체도 따라 하게 만든 쿠팡이츠, 쿠팡 고객분석데이터를 기반으로 OTT 서비스를 제공하는 쿠팡 플레이까지 쿠팡은 과감한 서비스들을 도입했다. e커머스 뿐 아니라 콘텐츠 시장까지 영역을 확대해나가면서 끊이지 않는 수익성 논란은 해결해야 할 숙제다.

이미 존재하는 시장에 뛰어든 것처럼 보이지만 쿠팡은 남들이 고민만 하던 것들을 빠르게 실행해나가며 시장을 잠식해나가고 있다. 노한 쿠팡 코어 서비스를 중심으로 비즈니스 포트폴리오를 확장해가며 고객 충성도를 높여나가고 있다. 뿐만아니라 각 서비스들도 확보된 자원을 기반으로 다양한 실험을 하며 끝없는 영역 확장을 준비한다.

말 그대로 게임의 주도권을 장악한 것이다. 시작은 e커머스 후발 주자, 아마존을 따라하는 서비스였을지 모르지만, 이제는 그들이 만든 룰에 선발주자들이 끌려다니고 있다.

심지어 누구나 배송 기사가 될 수 있도록 고객을 서비스를 운영하는 데 참여시킴으로써 고객이 나를 위해 일하는 구조를 만들었다.

이들이야말로 게임의 판도를 바꾼 대표적인 기업이 아닐까. 이길 수 없다면 게임의 룰을 바꾸던가, 게임을 바꾸라는 말이 있다. 내가 속한 환경을 분석하고 이길 수 있는 게임이 되게 하는 것이 필요한 시대다.

2장

3장

노력보다는
전략이 먼저다

01

전략 없는 성실함은
무능함을 낳는다

하루 10시간씩 꼬박 자리에 앉아 공부하지만 매번 시험에 낙방하는 사람이 있다. 반면 하루 3~4시간 집중해서 공부하지만 단번에 시험에 합격하는 사람도 있다.

가끔 우리는 노력이 우리를 배신한다고 세상의 불공평함에 억울함을 토로한다. 10시간 공부한 사람과 4시간 공부한 사람이 왜 다른 결과를 가져온 것일까? 단순히 지능지수나 기억력의 차이일까?

대한민국은 학원이 넘쳐난다. 이론 자체를 충실하게 강의하는 학원들도 있지만 '공략법', '단기 학습법' 등을 강조하며 수강생들을 모집하는 곳이 많다.

영어학원을 예로 들어보자. 시험에 자주 출제되는 유형, 함정 포인트를 콕콕 찝어주기도 하고, 이번 시험에는 이런 유형이 나왔으니 당분간은 이런 유형은 나오지 않는다며 예측도 해준다. 물론 영어에 대한 기본 지식이 없다면 아무리 좋은 팁을 알게 된다고 하더라도 좋은 점수를 받기 어렵겠지만 같은 실력을 가진 사람이라면 시험 잘 보는 팁은 높은 점수를 얻는데 꽤 유용하다.

영어 실력을 높이려는 근본적인 목적은 영어로 자유롭게 말하고 쓰고 읽기 위함이지만, 매일 외국인과 대화를 한다고 해서, 매일 영자신문을 읽는다고 해서 시험을 잘 본다는 보장은 없다. 꾸준히 실력 향상을 위한 루틴을 지키는 것은 물론 중요하지만, 그것만으로는 당장의 목적을 달성한다는 보장이 없다. 기본 실력은 탄탄하게 갖추되, 그 기본을 전장에서 활용하기 위해서는 전략이 필요한 것이다.

회사에서도 마찬가지다. 성실하지만 무능한 직원이 있는가 하면 상대적으로 대충 일하는 것 같지만 유능한 직원이 있다. 일을 잘하는 사람은 실수가 적고 일하는 방법을 안다. 그래서 업무를 처리하는 속도가 빠르다. 반면 일을 못하는 사람은 매번 하는 일에도 같은 실수를 반복한다.

성실하기만 한 사람을 보면 안타깝기도 하고 화가 나기도 한다. 혼자만 떠안는 문제가 아니라 결국 누군가는 대신 처리해주기도 해야 하고, 그 사람의 일이 지연되어 다른 사람들까지 문제를 떠안아야 하는 경우가 많기 때문이다.

일 잘하는 사람이 되려면 어떻게 해야 할까? 《1만 시간의 법칙》이라는 책이 모두에게 회자 되던 때가 있었다. 어떤 일이든 1만 시간을 투자하면 전문가가 된다고 이야기한다. 하지만 그 1만 시간도 단순한 노력을 의미하는 것은 아니다. 성실한 노력에도 전략은 필요하다고 이야기한다.

책에 따르면 목적의식 있는 연습은 아기가 걸음마 하듯 작은 단계들을 차곡차곡 더해서 장기목표에 도달하는 방법이다. 주말 골퍼가 핸디캡을 다섯 타 줄이려고 한다면 전체 목표로는 괜찮지만 연습을 효율적으로 만들 명확하고 구체적인 목표는 아니다. 목표를 잘게 쪼개고 그에 맞는 구체적인 계획을 세워야 한다는 것이다.

목적의식 있는 연습을 아주 간결하게 설명하자면 자신의 컴포트존을 벗어나되 분명한 목표, 목표에 도달할 계획을 말한다. 진척 정도를 추적 관찰할 수단을 가지고 집중해서 매진하고 자신의 동기부여를 유지할 방법도 파악하라고 이야기한다.

단순히 1만 시간만 투자한다고 전문가가 되는 것이 아니라는 것이다. 성실함에도 전략은 필요하다. 목적을 가진 성실함이 결과를 얻을 수 있다. 목적이 얼마나 지속적인가에 따라 성공이 결정된다. 잠깐의 단기적인 목적만 달성하고 그만인 전략은 장기적으로는 스스로를 갉아먹을 것이다. 조금 시간이 더 걸리더라도 꾸준히 할 수 있는 나만의 전략을 세우고 지속적으로 실천할 수 있어야 한다.

그런 노력의 시간들이 쌓여 전문성을 가지게 되고, 전문성을 가지게 되면 남들보다 빠르고 효율적으로 일을 처리하는 능력자가 되는 것이다.

앞서 예로 들었던 '대충 일하는 것 같지만 유능한 직원'이란 결국 자신만의 방법으로 전문가가 된 사람이다. 처음부터 유능한 사람이란 없다.

한번 전문가의 경지에 오르면 일을 처리하는 속도는 점점 더 빨라진다. 심지어 일의 능률이 오르는 만큼 학습할 수 있는 시간도 확보할 수 있어서 성장 속도는 점점 더 빨라진다. 학습에도 복리가 적용되는 셈이다.

전략적인 성실함을 실행하는 사람은 3년, 5년만 시간이 지나도 그렇지 못한 사람과의 전문성이 엄청나게 차이가 난다. 긴 호흡으로 나의 성실함을 쌓아온 이는 달인의 경지에 이를 것이고, 짧은 목표만을 가지고 당장의 일만 성실하게 수행한 사람은 쳇바퀴와 같은 삶, 복리가 없는 삶을 살게 될 것이다.

결국 나의 삶을 얼마나 성공적으로 이루어낼 것인가는 인생의 계획이 얼마나 구체적이며, 확실한 목표가 있느냐에 따라 달라지는 것이다. 그리고 그 목표를 향해 꾸준히 동기부여할 수 있는 것들을 만들어가는 사람만이 그 긴 레이스를 성공적으로 달려 결승점에 도달할 수 있을 것이다.

꾸준한 동기부여를 위해서는 작은 목표들을 만들고, 그 목표들을 순서대로 이루어나가면서 성취감을 얻는 것이 중요하다. 하나씩 둘씩 성취하다 보면 자부심이 생긴다. 과거의 성공으로 자신을 칭찬해가면서 긴 레이스를 지치지 않게 하는 것이 좋다.

예를 들어 마케팅 전문가가 되고자 하는 목표가 있다면, 매달 매달의 작은 목표들을 세워보자. 1년 동안 2주 동안 꾸준히 마케팅 관련 서적을 읽고 서평을 쓰는 것을 목표로 잡아보자. 그리고 매일 '출근 전 1시간' 또는 '퇴근 후 2시간' 이렇게 시간을 정해두고 실천해보는 것이다.

매달 매달의 성과를 SNS에 올려서 주변에도 널리 알려보자. 자신이 한 일을 남에게도 자랑스럽게 이야기하자. 칭찬을 받으면 더 빨리 더 많이 앞으로 나아갈 수 있다.

그리고 1년간의 목표를 달성하고 나면 습득된 지식을 바탕으로 '마케팅 책 쓰기'라는 2번째 목표를 설정해보자. 2개월간 자료조사, 3개월간 원고 작성, 2개월간 출판 준비 등 매일 꾸준히 실천할 수 있는 목표들을 달성해나가면 된다.

그렇게 1년, 2년 목표에 따라 하루하루를 성실히 보낸다면 막연하게 '마케팅 전문가가 되어야지' 하고 새해 결심으로만 끝나는 사람과는 완전히 다른 결과를 얻을 수 있을 것이다.

분명한 목표를 갖고 10년을 보낸 사람은 막연하게 열심히 10년을 보낸 사람보다 10배 이상은 앞서나갈 수 있다. 조직에 속해서 일을 하더라도 개인의 전문성이 중요한 시대다. 단순 노동자로 끝날 것이 아니라 부가가치를 창출할 수 있는 사람이 되어야 한다.

초심을 잃지 말고, 왜 이 목표를 세우려고 했는지를 기억하며 성실하게 전문성을 키워나가자.

02

노력보다는 전략이 먼저다

몇 년 전에 <스타트업>이라는 드라마가 방영되었다. 주인공은 세계대회에서 1등까지 하는 천재 개발자였지만, 대중들의 관심사나 트렌드에 둔감한 인물이었다. 혼자서는 그 기술을 상품화하거나 비즈니스 모델을 만들지 못했다. 하지만 개발 기술은 잘 모르지만 고객 대상으로 상품화하는 전략에 능한 인물을 만나면서 스타트업의 창업을 지원하는 샌드박스라는 프로그램에 합격하고 후원을 받아 사업을 성장시킨다.

스타트업 드라마의 남자 주인공처럼 기술이 좋지만 성공하지 못하는 기업이 많다. 그들의 공통점은 성공을 위해 '더 좋은 기술'이 필요하다고 믿는다는 것이다. 그래서 끊임없이 기술을 발전시키는 데 시간과 노력을 쏟는다. 하지만 정작 소비자들은 그 기술의 차이를 쉽게 구별하지 못한다. 세상에 필요한 것은 '완벽한 기술'이 아닌 '필요한 기술', 그리고 그 기술을 '소비자에게 쉽게 설명하는 일'이다.

아무리 좋은 기술을 가지고 있더라도 그 기술을 사업화하는 방법을 모른다거나, 사업 확장을 위해 투자받는 방법을 모른다면 기업을 성장시키는 데 시간이 오래 걸리거나 실패할 수 있다.

이렇게 기술은 있지만 지원이 필요한 스타트업을 성장시켜주는 전문 직업이 있다. 바로 액셀러레이터다. 세계적인 스타트업 엑셀러레이터 'Y Combinator(YC)'는 스타트업의 멘토가 되어 투자를 받는 노하우, 기업을 성장시키는 방법에 대해 알려주고 엄격하게 트레이닝시킨다.

YC는 매 학기 신입생을 뽑듯 정기적으로 스타트업을 선발해서 교육한다. 지금은 유명해진 에어비앤비나 드롭박스 등도 모두 이곳 출신의 유니콘이다. 아이디어로만 그치지 않고 사업성을 갖추도록 체질을 개선해주는 것이다.

많은 스타트업 대표들은 아이디어가 훌륭해야 한다는 편견을 가지고 있다. 하지만 투자자들은 항상 다음과 같은 질문을 던진다.

"그래서 수익모델이 무엇인가요?", "타깃 고객은 누구며, 확보할 수 있는 고객 수는 몇 명인가요?"

사업의 성공은 아이디어를 어떻게 현실화시키느냐에 달려있다. 그리고 현실화는 곧 사업 전략인 것이다. 간혹 아이디어가 전략이라고 착각하는 사람이 있다. '어떻게(How To)'가 없는 사업을 누가 믿고 투자를 할까?

제품만 잘 만들면 그 제품의 진가를 알아주는 사람들이 생겨나고 자연스럽게 알려질 것이라고 생각할 수 있다. 하지만 그 '잘 만든 제품'이란 애초에 전략적인 가치가 있는 제품이어야 하는 것이다. 소비자들의 관심이 무엇이고 트렌드가 어떠한지를 알고 접근한 제품과 그렇지 않은 제품은 출발 지점이 다르다.

비즈니스는 결국 누군가를 상대로 하는 일이다. 나 혼자의 만족을 위해 하는 일이 아니다. 어떤 상대를 위한 것인가에 따라 그 기준에 맞춰서 일을 해야 한다. 그 상대가 원하는 것을 파악하고 맞춰나가는 것이 전략의 시작이다.

'땅 속에 금이 있다'는 말을 듣고 아무 땅이나 파기 시작하는 것처럼 멍청한 일은 없다. 어느 땅에 금이 있는지 조사하고, 가장 효과적으로 빠르게 금을 채취하는 도구가 무엇인지도 알아야 한다.

노력하는 자는 전략이 있는 자의 속도를 따라잡을 수 없다. 그리고 노력도 전략이어야 한다. 내가 지금 하고 있는 일이 충분히 전략적인가를 돌아볼 필요가 있다.

오랜 시간 앉아서 일을 한다고 성과가 좋은 것은 아니다. 책상에 앉아있는 시간은 짧더라도 사업확장에 도움을 줄 수 있는 사람들을 많이 만나고 사업 아이디어를 보완해나가거나, 소비자 트렌드 파악을 위해 현장에 자주 나가는 것이 좋은 성과를 얻는데 훨씬 더 유리하다.

그런데도 아직도 많은 기업들이 야근이나 사무실 근무시간이 성실함의 기준인 것처럼 여기는 것이 안타깝다. 아마도 사무실 밖에서 의미 없이 시간을 보내는 사람들이 있기 때문이겠지만 그렇다고 탁상

공론만 하는 업무환경을 만들어서는 안 된다.

노력과 결과는 비례하지 않는다. '노력 하라'라는 말에는 성실성의 의미만 담겨 있지 않다. 목표가 명확하다고 노력만 하면 될까? 목표뿐만 아니라 방법이 명확해야 한다.

우리는 어릴 때부터 열심히 살면 성공한다고 배운다. 하지만 열심히 산다고 다 성공하지 않는다. 열심히 살았는데 실패했다고 좌절하는 사람은 자신이 어떻게 살았는지를 돌아볼 필요가 있다. 실패의 원인을 세상으로 돌리거나 자신의 무능력이라고 생각해서는 안 된다.

학창 시절에 열심히 공부하고도 좋은 성적을 얻지 못해 좌절한 기억이 있을 것이다. 공부도 잘하는 방법, 기술이 따로 있다. 자신만의 학습법을 만들어야 원하는 점수를 얻고 원하는 시험에 통과할 수 있다.

하루 12시간씩 책상 앞에 앉아있었다고 결과가 좋으리라고 생각하는 사람은 없을 것이다. 수험서 첫 장부터 공부하기 시작해서 중간 이후까지 꼼꼼히 본 사람이 얼마나 될까? 앞에서부터 꾸준히, 열심히 한다고 주어진 시간에 그 모든 내용을 다 공부하고 시험에 들어간다는 보장은 없다.

무조건 첫 장부터 공부하는 것이 정답은 아니다. 공부도 전략적으로 해야 한다. 공부하는 잘하는 방법, 시험에 합격하는 방법에 대한 영상들도 많다. 합격의 노하우를 전달하는 영상들은 '노력' 이 아닌 '방법'을 알려준다. 주어진 시간에 효과적으로 공부하기 위한 일종의 전략 지도를 제공하는 셈이다. 그들은 하나같이 무엇부터 공부해야 하는지. 시간에 따라 어떻게 쪼개어 공부를 해야하는지, 어떻게 복습을 해야 하는지 공부하는 전략을 알려준다.

　혼자서 하는 공부도 이렇게 전략이 필요한데 여러 사람의 협력이 필요한 사업은 말할 것도 없다. 혼자서만 열심히 한다고, 혹은 혼자서만 전략을 세우고 일한다고 사업을 성공시킬 수는 없다. 모두가 같은 방향을 바라보고, 합을 맞춰 일해야 엇나감이 없이 한 발짝, 두 발짝 함께 내디딜 수 있는 것이다.

　여럿이 노를 저어 나아가야 하는 조정 경기를 생각해보면 이해가 쉬울 것이다. '하나둘, 하나둘' 구령을 붙여가며 동일한 힘으로 노를 저어야 방향이 틀어지지 않고 앞으로 나아갈 수 있다. 한 사람이라도 노를 젓는 힘이 다르거나 속도가 다르면 보트는 제자리를 빙빙 돌거나 반대 방향으로 떠밀려갈 수 있다.

　조정경기에는 방향을 잡아주는 '타수'라는 포지션이 있다. 바로 이 타수가 전략 방향을 제시하고 제대로 가고 있는지를 수시로 알려주는 역할이다. 타수가 없이 각자 열심히 노를 젓기만 한다면 원하는 방향으로 나아갈 수 없을 것이다.

　노력이 나를 배신했다고 좌절하는 사람들이 많다. 뛰어난 사업 아이템을 세상이 몰라준다고 세상을 탓하는 사람들도 많다. 나의 노력이 헛되지 되지 않으려면 노력의 방향과 방법이 올바른지를 점검해볼 필요가 있다.

최종 목표만을 놓고 노력하면 아무리 전략 방향이 잘 설정되어 있더라도 쉽게 지친다. 노력에 따른 결과를 확인하면서 나아갈 수 있도록 단기적인 전략을 설정하고 발전시키는 것이 좋다.

남들의 성공전략을 그대로 따라 한다고 반드시 성공하는 것도 아니다. 나에게 맞는, 기업의 상황에 맞는 눈높이 전략을 세우고 성공 사례를 만들어가자.

03

탈출구 없는 계획을 세워라

나는 목표와 계획을 100% 달성했는데 고과 평가가 낮아서 불만을 토로한 적이 있다. 당시에는 이해할 수 없는 결과였지만, 성장성과 기여도가 낮다는 게 회사의 피드백이었다.

초기 목표설정 시에는 아무런 말도 없다가 평가 시즌이 되어서야 그런 피드백을 주니 야속했지만, 그때를 계기로 그 이후의 나는 매우 도전적인 목표를 수립하기 시작했다.

높은 목표를 세운 만큼 해야 할 일도 많았고 정말 다 해낼 수 있을까 걱정이 될 정도로 촘촘하게 계획을 수립했다. 덕분에 80% 이상은 계획대로 실행해서 어느 정도 만족할만한 결과를 얻었고, 고과 평가도 좋은 점수를 받았다.

이상하게도 예전과 다르게 '목표를 달성하지 못하면 어쩌지?'라는 생각은 하지 않았다. '하는 데까지 해보자. 방법이 있을 거야!'라고 생각했다.

성공한다고 생각하면 성공하고, 실패할 수 있다고 생각하면 실패한다. 생각하는 대로 행동하고 말하는 대로 이루어진다. 우리는 어떤 일을 수행할 때 만약을 위해 플랜B를 미리 생각해두기도 한다. 한 가지 방법만 생각하면 위기에 대처할 수 없다고 생각하기 때문이다.

하지만 어떤 위기가 올지 미리 다 예측하기는 어렵다. 만약 플랜B를 실행하기도 어려운 상황이 되면 플랜C도 있어야 하는 것이 아닐까? 그렇게 생각하면 끝도 없다. 그때그때 상황에 맞게 대처하는 것이 현명한 것이다.

플랜B를 생각한다는 것은 실패를 염두해두는 것이나 다름없다. 그 실패를 대비하는 계획을 세우는 대신 성공할 수 있는 방법을 더 강구하는 것이 낫지 않을까?

가슴 뛰는 목표를 세워보면 어떨까? 정말 절실한 목표, 인생에 꼭 이루고 싶은 목표라면 플랜B를 생각하지 않을 것이다. 아침에 눈을 뜨고 하루를 시작할 때, 가슴 뛰는 목표가 있다면 신나게 하루를 시작할 수 있다. 원하는 목표가 아니라면 일어나는 것조차 고통스러울 것이다.

여행가는 날의 아침을 생각해보자. 얼마나 신나고 즐거운가. 이불을 박차고 나가서 서둘러 짐을 싸고 신나는 발걸음으로 집을 나서지 않는가.

일할 때도 그런 마음일 수는 없을까? 세상에 없는 새로운 서비스를 만들어서 사람들을 감동시키고 싶다거나, 내가 사랑하는 사람들을 위해 꼭 필요한 물건을 만드는 목표라면 어떨까?

한시라도 빨리 목표를 이루고 싶어서 매일매일 즐겁고, 실패를 생각하지 않고 오로지 어떻게 하면 더 빨리, 더 잘 이루어낼 수 있을까만 생각하지 않을까? 가슴 뛰는 목표를 위해 달릴 때 플랜B라는 것은 머릿속에 떠오를 수가 없다.

프로젝트를 이끌다 보면 데드라인이 가까워져서야 사람들이 분주히 일을 처리하는 것을 보게 된다. 평소 하루에 처리하는 양의 10배가 넘는 일도 데드라인 하루 전날에 모두 처리되는 것을 보면 '진작에 좀 처리하지 왜 이제야 하나' 하는 생각도 들 정도다.

전쟁에서는 더욱 그렇다. 목숨을 걸어야 하는 일이기에 누구 하나 먼저 나서는 사람이 없다. 하지만 물러설 곳이 없고 나서서 싸우지 않으면 죽는 상황이 되면 온 힘을 다해 싸운다. 그 결과 초인적인 힘을 발휘해서 승리를 쟁취한다.

결국 구성원을 한계까지 밀어붙이면 원하는 성과를 얻어낼 수 있는 것이다. 다들 동참하지 않으면 아무도 아무런 결과도 보상도 받지 못하리라는 두려움을 제시하면 평소 몇 배의 힘을 발휘해서 일을 성취해낸다. 편안한 일이라는 것이 있을까? 내가 하는 일이 편하다면 한 번쯤 반성해볼 필요가 있다.

물론 이렇게 구성원을 밀어붙이는 과정에서 갈등이 발생한다. 하지만 이런 갈등을 피하려고 도전을 멈춘다면 누구도 원하는 것을 얻을 수 없다. 어떤 상황에서도 갈등은 일어나기 마련이다. 심지어 편안한 일상에서도 갈등은 일어난다. 갈등을 얼마나 현명하게 해결해나갈 것인가에 따라 성공 여부가 결정되는 것이지, 갈등을 피하는 것은 바로 실패로 들어서는 길이다.

프로젝트의 데드라인에 가까워져서야 그들의 능력을 알게 된 것처럼, 목표를 하나로만 가져가면 더 이룰 수 있는 목표를 놓치게 된다. 중간중간의 목표가 있었다면 어땠을까. 그들의 한계를 더 자주 시험하고 더 많은 성취를 이룰 수 있었을 것이다. 더 촘촘한 단기계획과 끊임없는 동기부여, 한계를 실험했어야 했다.

내 능력을 뛰어넘는 목표를 세워보자. 높은 목표를 세우고 중도 포기만 하지 않아도 80%를 넘기면 성공으로 자부해도 된다. 그리고 한계까지 자신을 시험하다 보면 목표를 달성하는 과정에서 성장함을 느낄 수 있다. 내 능력에 한계가 없다는 생각으로 도전해보자. 우리는 목표 달성 과정에서 성장한다.

등산하다가 누구나 이런 마음을 느껴봤을 것이다. 등산로 초입이나 중반까지는 힘들면 쉽게 포기하고 돌아서기도 하지만, 정상에 가까워지면 '이왕 여기까지 온 거, 더 가보자!'라고 생각하게 된다. 힘들어도 중도에 포기할 마음이 줄어든다. 조금만 더 올라가면 된다는 생각에 힘을 내게 된다. 그렇게 정상에 올랐을 때 기분은 정말 최고다. 특히나 이전에 올라본 적이 없는 높은 정상이라면 더더욱 그러하다.

나는 종종 북한산을 오른다. 북한산 코스 중에서도 바위를 타고 올라가야 하는 코스를 오를 때면 내려가는 것이 훨씬 더 어렵다는 생각이 든다. 올라가는 게 훨씬 쉬워서 차라리 빨리 오르고 쉬운 코스로 내려가자는 생각을 한다. 참 이상한 얘기지만, 돌아갈 곳이 없으면 나아가는 것밖에 답이 없어서 열심히 하게 되는 것이다.

자신을 한계 상황으로 몰아붙이는 연습은 종종 필요하다. 내 능력의 한계치를 알아야 목표설정의 적정성을 판단할 수 있다. 달리기도 뛰어봐야 내 한계를 알고 거기에 맞게 체력을 키울 수 있듯 일도 그렇다.

한계를 시험하는 과정에서 합리성과 융통성은 필요하다. 무리한 도전은 자신을 망칠 수 있다. 다시 일어설 수 없을 만큼 무리한 도전은 피하자. 숨이 턱까지 차오르는 그 순간이 언제인지를 알게 되면 멈추자.

한계를 시험하는 과정에서는 중간에 멈춘다고 실패한 것은 절대 아니다. 이전보다 높은 목표를 도전한 것인 만큼 그 도전만으로도 값진 성공이다. 대신 후회가 없는지를 돌아보자. 후회하지 않을 만큼 최선을 다했다면 성공이다.

나는 언제나 현재의 능력으로는 이룰 수 없는 목표를 설정하고, 그 목표를 위한 기초체력, 기본 능력을 기르는 일을 함께 진행한다. 그리고 목표의 80%를 달성하면 성공이라고 생각하고 또 다음 목표를 세운다.

내 나름대로 앞으로 전진하기 위한 목표설정 방법이다. 물론 자신이 없고 두려움이 앞서는 때도 많다. 모든 목표를 이룰 수 있는 것도 아니다. 하지만 이렇게 자신의 한계를 넘어선 목표를 설정하고 돌아갈 곳을 생각하지 않고 전진하다 보면 그전에는 보이지 않던 것들도 해결책들도 발견하게 된다. 여러 사람의 도움을 받기도 하면서 성장하게 된다. 주위에서 종종 자신의 능력을 탓하며 할 수 없다고 어렵다고 해보지도 않고 부정적인 의견을 내놓는 사람들을 마주치게 된다. 그런 사람들을 보면 안타깝다.

물론 편안한 삶 자체가 목표이고 더 이상 발전을 원하지 않는다면 더는 그들에게 해줄 말은 없다. 하지만 그런 편안한 삶을 추구하는 사람들이 정말 보상을 원하지 않을까?

나도 인간이기에 적게 일하고 많이 버는 일을 찾는 사람들의 마음을 모르는 것은 아니지만, 안타깝게도 그런 횡재수를 노리는 사람들과 함께 일하고 싶지는 않다.

내 능력에 대한 의심과 실패에 대한 두려움 때문에 시작하지 않았다면 절대 알 수 없었을 것들에 대해 항상 감사해하며 가슴 뛰는 목표, 전진을 위한 촘촘한 계획을 세우고 한발 한발 나아가보자.

04

정보 수집은
전략의 시작이다

범죄가 일어나면 경찰은 가장 먼저 사건의 현장에서 가능한 모든 증거를 확보하려고 한다. 그리고 그 증거와 연결된 사람들을 조사한다. 모든 자료를 모은 뒤에는 하나둘씩 연결고리를 만들어 사건을 추적해나간다. 해외 사건 중 유사한 사례 없었는지 찾아보기도 하고, 전문가들을 찾아가 자문을 얻기도 한다. 단서가 많을수록 범인을 찾을 가능성은 높아진다.

고생해서 모은 단서들은 많지만 연결고리를 찾지 못한다면 그 자료들은 쓰레기나 다름없게 되어버린다. 또한 충분한 단서들을 모으지 않고 범인을 찾아다닌다면 시간만 더 오래 걸리고 좋은 결과를 얻지 못할 수 있다.

전쟁에서는 적군의 군사력이나 무기 보유 상황, 움직임, 심지어 작전까지도 먼저 정보를 확보하려고 한다. 군사 위성, 고도 정찰기, 드론, 통신감청 등 첨단 정보자산을 총동원한다. 누가 먼저 정보를 확보하고 타격하느냐가 전쟁의 승패를 결정짓는다고 해도 과언이 아니다. 현대의 전쟁은 정보 전쟁이나 다름없다.

미국 CIA의 전 세계 디지털감시를 폭로한 에드워드 조지프 스노든(Edward Joseph Snowden)의 사례는 유명하다. 미국 국가안보국에서 전 세계를 대상으로 정보를 수집하고 감시하고 있다는 것이다. 개개인의 정보들을 연결해 메타정보로 만들면 전 세계에서 일어나는 모든 일을 파악할 수 있고, 약점을 파악해 공격할 수 있는 무기가 되는 것이다. 그만큼 오늘날 정보의 힘은 그 어느 때보다 강력해지고 있다.

직장생활에서도 마찬가지다. 범인을 추적하는 대신 성공을 위한 핵심 가치를 찾아내야 하고, 적군의 동향을 파악하는 대신 경쟁자의 움직임이나 시장의 흐름을 파악해야 한다.

근거 없이 상상만으로 일을 계획할 수 없다. '왠지 그럴 것 같아서', '그런 느낌이 들어서' 일을 추진할 수는 없다. 근거 확보를 위해 시장 동향 조사도 하고, 고객 설문조사도 진행해야 한다. 내가 생각한 것들을 입증해줄 자료들을 많이 확보할수록 설득력이 높아진다.

정보는 크게 내부 정보와 외부 정보로 나눌 수 있다. 내부 정보는 매출, 거래현황 등 기업의 활동에 대한 정보와 CRM 등 고객의 구매 행동 및 특성에 대한 정보가 있다. 외부 정보는 시장 조사, 소비자 조사, 연구보고서, 경쟁사 정보 등이 있다. 평소 다양한 정보들에 바로 접근이 가능하도록 정보 수집 채널들을 많이 확보해두면 좋다.

그러나 정보들이 많다고 무조건 좋은 것은 아니다. 잘 정돈된 정보들을 확보하는 것도 중요하지만, 수집한 자료들을 어떻게 보관하고 활용하는가도 중요하다. 주위에서 보면 종종 방대한 양의 자료를 모았다고 자랑하고 뿌듯해하는 사람들이 있다. 컴퓨터 하드디스크에 각종 보고서와 자료를 엄청나게 쌓아놓는 것이다.

물론 정보를 많이 확보해두는 것이 나쁜 것은 아니다. 많은 자료를 토대로 새로운 지식과 아이디어를 뽑아낼 수 있는 확률이 높아진다. 하지만 데이터와 정보만으로 이루어지는 일은 아니다. 각각의 데이터들을 연결시켜서 인사이트를 얻는 것이 중요하다. 즉, 정보를 목적에 맞게 가공하고 사용해야 의미가 있는 것이다.

같은 자료를 놓고도 다른 결과를 뽑아내는 것은 개개인의 경험과 지식에 근거해서 종합적인 판단을 어떻게 하느냐에 따라 달라진다.

올해 3월 회사 매출이 전월 대비 200% 성장한 이유를 분석해야 한다면 어떤 자료들을 가지고 원인을 찾아낼 수 있을까? 우선 최근 3년간의 매출 현황 자료들을 분석해봐야 할 것이다. 최근 몇 년간의 2, 3월의 매출 변화가 어떠했는지를 파악해보는 것이다. 특별한 점을 발견하지 못했다면, 그다음은 고객 데이터를 찾아볼 수 있다. 3월 구매 고객들이 기존의 고객들과 어떤 차이가 있는지, 아니면 기존에도 구매하던 고객들이지만 3월에만 추가로 더 구매한 제품들이 있지는 않은지 찾아볼 수 있다.

이렇게 내부 데이터를 먼저 분석한 다음 외부의 다른 요인들도 분석해볼 수 있다. 경쟁사 구매시스템에 갑자기 문제가 생기진 않았는지, 갑자기 해당 제품에 대한 사회적인 이슈가 발생하지는 않았는지 등 다방면의 외부 자료를 찾아보고 종합적인 판단을 해야 한다.

신사업을 기획한다고 하면, 현재 운영하고 있는 서비스의 이용고객들이 어떤 특성을 가지고 있고, 그 고객군을 타깃으로 타사가 제공하는 서비스들은 어떤 것이 있는지를 찾아볼 수 있다. 내부 정보들을 토대로 기초 전략을 수립해나가기 시작하는 것이다.

그리고 새로운 서비스 방향성이 확정되면 고객들의 반응을 살피기 위해 수용도 조사를 진행해서 기존에 없던 정보를 새롭게 모으는 일도 해야 한다. 시장에 이미 유사한 서비스가 있다면 고객들의 반응, 만족도 조사 자료들을 참고해도 좋다. 이런 자료들을 토대로 어떤 점이 불만족스러웠는지 파악해 차별화된 서비스를 만들어갈 수 있다.

또 타깃 고객군이 얼마나 되는지 시장 규모 산정해보고 싶다면 통계청 등의 자료를 활용할 수 있다. 지역별, 산업별 다양한 자료들을 조합하면 추정할 수 있다.

시장확장 전략을 수립한다고 하면, 해당 산업군의 국내외 총 시장 규모, 내가 담당하는 사업의 매출규모, 경쟁사들의 매출규모도 파악해서 각각의 시장점유율을 먼저 파악해봐야 한다.

그런 다음 경쟁사의 시장점유율을 뺏어올 것인지, 새로운 시장을 개척할 것인지 확장 전략을 수립하는 것이 좋다. 만약 경쟁사의 시장점유율을 뺏어오려고 한다면 각 회사의 서비스 특장점을 분석하고 어떤 특징을 가져와서 더 강화하고 소비자를 뺏어올 것인지 전략을 세울 수 있다.

이렇게 특정 사안에 대해 원인을 분석하거나, 또는 새로운 서비스를 기획하기 위해 평소에 자료를 많이 확보해두거나, 자료를 찾아볼 수 있는 채널들을 많이 알아두는 것이 많은 도움이 된다. 데이터를 통한 설명이 되지 않는 기획안은 개인의 생각을 담은 상상 일기에 그칠 수 있다. 반드시 내 생각을 입증할 데이터, 참고자료들을 통해 입증되어야 한다.

그러나 자료 자체가 지식이 되지는 않는다. 단순히 수집하는 행위만 해서는 안 된다. 어떤 목적으로 활용할 것인가를 생각하며 수집해야 의미 있게 활용할 수 있다.

나는 종종 휴대폰에 주제별로 자료를 열람할 수 있는 링크를 분류해서 저장한다. 그리고 주제마다 짧게 생각을 함께 메모해둔다. 자료를 모으는 일은 따로 시간을 할애해서 하는 것이 아니라 생활 속에서 짬이 날 때마다 꾸준히 하고 있다.

카페에서 커피 한잔 마시며 휴식을 하는 동안, 미팅 시간에 조금 일찍 도착해서 기다리는 동안, 뉴스를 읽다가 평소 관심이 있었던 정보를 접하면 바로바로 휴대폰에 저장해둔다. 또한 정보를 저장할 때는 잘 선별하는 것이 중요하다. 수집한 정보가 많다고 좋은 것은 절대 아니다.

정보를 수집하는 습관이 생기면 좋은 점은 또 있다. 내가 하고 있는 일에 한정되지 않고 사회 경제 등 다방면의 정보들을 같이 수집하다 보면 사고의 폭이 넓어지고 통찰력을 키워나갈 수 있다. 임원 중에는 한마디만 던져도 시장의 흐름과 연결해서 이야기를 술술 풀어나가는 사람들이 있다. 정보를 모으고 취합하고 내 것으로 만들면서 나만의 지식으로 만드는 사람들이다.

막힘없이 대화를 술술 이어나가고 어떤 주제의 대화에도 참여할 수 있게 되면 일을 추진하는 깊이와 넓이는 당연히 확장된다. 또한 이렇게 내공이 쌓이면 어떤 이슈가 발생하더라도 나를 찾는 사람들이 많아지고 나의 전문성이 확고해지게 된다.

다방면에 지식을 갖게 되면 업무를 추진하고 판단하는 속도도 빨라진다. 업무지시를 받는 순간부터 자료를 모으는 사람이 아니라 이미 많은 자료와 지식을 갖고 있어 출발선이 달라지는 것이다. 정보가 무기가 되는 시대라는 것을 잊지 말자.

05

솔루션이 아닌
문제를 먼저 찾아라

어떤 문제에 맞닥뜨리게 되면 우리는 입버릇처럼 '어떻게 하지?'라고 말한다. 내가 생각한 것과 다른 상황이 발생했을 때 당황하게 되고 수습할 방법을 고민한다.

가게를 운영하는 자영업자라면 손님이 줄어들 때 '어떻게 손님이 많이 오게 하지?'라고 생각할 것이고, 환자를 치료하는 의사라면 '어떻게 이 환자의 병을 낫게 하지?'라고 생각할 것이다.

이렇게 우리는 항상 솔루션에 집중한다. 어떤 문제가 발생하면 그 문제를 효과적으로 해결할 방법에 대해서 집중하게 되는 것이다. 문제 인식이 제대로 되지 않은 상태에서 솔루션을 모색한다. 문제 인식이 제대로 되지 않은 상태에서 솔루션이라고 생각한 행위들은 근본적인 문제를 해결할 수 없다. 임시방편의 대안일 뿐이다. 지금 내 상황에서 솔루션에 집중해야 하는지, 문제 인식에 집중해야 하는지 고민하지 않는다. 그래서 내가 취해야 할 포지션을 잘 분간하지 못 한다.

언제 문제 인식에 집중하고, 어떤 상황에서 솔루션에 집중해야 할까?

규모가 큰 프로젝트를 담당한다고 하자. 그 프로젝트가 진행되기 위해서는 반드시 문제 인식이 선행된다. 프로젝트 진행이 결정되었다면 그때부터는 솔루션에 집중해야 한다.

만약 본인 기업이나 본인의 문제를 모르는 사람들을 대상으로 비즈니스를 한다고 생각해보자. 솔루션이라는 것이 의미가 있을까? 문제가 뭔지 모르는 사람들에게 솔루션은 한낱 노이즈일 뿐이다. 그럴 땐 문제 인식에 집중해야 한다.

우리 일상은 어떠한가. 우리는 일상생활을 하면서 많은 문제에 부딪힌다. 그때마다 우리는 꽤 괜찮은 해결책을 찾으려고 많은 노력을 한다. 재밌는 사실은 문제를 받아들이고, 문제가 왜 발생했는지에 대해 집중하면 자연스럽게 그 문제가 해결되는 경우가 많다는 것이다. 항상 문제 인식이 먼저여야 한다는 것이다.

그렇다면 문제라는 것은 정확히 무엇을 말하는 것일까? 예상대로 진행되지 않았을 때 나타나는 결과? 현실과 기대 사이의 중간 결과물이 문제가 아닐까?

강아지 행동 교정으로 유명한 강형욱 전문가를 모두 알 것이다. 그가 항상 "세상에 나쁜 개는 없다"라고 강조한다. 견주들은 의뢰할 때 하나같이 강아지가 이상 행동을 하니 바로잡아달라고 요청한다.

강형욱 전문가가 제일 먼저 하는 행동은 강아지와 시간을 보내며 강아지를 관찰하는 일이다. 기본 습성은 어떠하고, 어떠한 이상 행동을 보이는지 강아지의 입장에서 상황을 파악한다. 그리고는 이상행동을 보이는 것이 강아지 자체에 문제가 있는 것인지, 환경적인 요인인지를 파악하고 문제라고 생각되는 점을 변화시키며 행동이 달라지는지를 또 관찰한다.

그러면 언제나 거짓말처럼 강아지들은 문제라고 생각되던 이상 행동을 전혀 하지 않는다. 주인들도 놀랄 만큼 강아지들이 단번에 변화하는 것을 보며 그동안 왜 이런 행동을 했을까 관심을 가지지 않았던 것을 미안해하며 다시는 재발하지 않도록 함께 노력하게 된다.

비슷하게 문제에 접근하는 사례가 또 있다. 바로 오은영 박사다. 오은영 박사는 아이들의 이상 행동에 고민하는 부모들의 의뢰를 받고 솔루션을 찾아주는 전문가다.

부모들이 처음 오은영 박사를 찾아올 때 하는 말은 한결같다. 모두 '우리 아이가 이상하다. 제발 저런 행동을 하지 않았으면 좋겠다. 힘들다'라고 어려움을 토로한다.

오은영 박사는 우선 아이들을 유심히 관찰한다. 자라면서 자연스럽게 나타나는 현상인지, 비정상적인 행동인지를 먼저 파악한다. 그리고 이상 행동이 발견되면 그 행동을 하는 상황에 대해 바로 짚어낸다. 어떤 상황일 때 그런 행동을 하는 것인지를 알아내고 그것이 다른 사람이 주는 영향이면 그 사람이 변화되면 아이들도 변화된다고 이야기한다.

'어떻게 해야 이 아이가 바뀔까?'라는 부모들의 고민은 고민의 시작점이 아이들이 문제라는 것에서 출발한다는 것이 오은영 박사와의 큰 차이가 있다. '아이가 잘못되었다'라는 전제로 시작하면 문제를 잘못 이해하고 방법을 찾기 시작하기 때문에 잘못을 바로잡을 수 없는 것이다.

강아지와 아이의 행동 교정 전문가들의 사례를 통해 무엇을 알 수 있는가. 현상만을 보고 솔루션을 찾으려고 하지 않고, 그 현상이 일어난 근본적인 원인을 파악하는 데 주력한다는 것을 알 수 있다. 마치 피부병이 생겼을 때 피부 겉면에 연고 하나 바른다고 완치되는 것이 아니라, 그 병을 유발한 원인이 잘못된 식습관 때문인지, 미세먼지 등 환경적인 요인인지를 알아야 치료를 할 수 있는 것처럼 말이다.

기업에서는 이와 같은 근본적인 문제를 찾아내는데 데이터를 많이 활용한다. 최근 전기차의 화재가 이슈가 되고 있다. 기존에는 전기차 화재의 사회적인 문제를 어떻게 해결할지에 집중했다면 지금은 왜 이런 일이 일어났는지 근본 원인을 데이터 분석을 통해 밝혀내고자 노력하고 있다.

기술적인 문제인지 관리적인 문제인지를 데이터를 통해 확인해볼 수 있다. 기술적인 부분이 이슈라면 설계방법을 변경해야 할 것이고 관리적인 부분이 이슈라면 관리 프로세스를 변경해야 할 것이다. 근본원인 분석을 RCA(Root Cause Analysis)라고 한다. RCA를 통한 문제해결 프로세스는 다음과 같이 정리할 수 있다.

- 1단계 : 데이터 수집
- 2단계 : 원인요소 분류
- 3단계 : 근본원인 정의
- 4단계 : 원인별 인과관계 분석
- 5단계 : 개선안 도출

이와같이 RCA분석을 통해 정상제품과 불량제품의 설계방법과 관리방법의 차이, 인과관계를 데이터를 통해 확인하고 개선해나가는 방법을 취하는 것이다.

복잡한 문제들도 마찬가지로 해결할 수 있다. 우선 문제를 일으키는 원인이라고 생각되던 것들을 모두 나열해보자. 그리고 그 원인을 그룹핑해보면 중요한 항목들을 뽑아낼 수 있다. 그 이후는 RCA프로세스를 통해 해결할 수 있다.

《문제가 문제다》라는 책에서는 문제를 어떻게 접근해야 하는지 다음과 같이 이야기한다. "문제해결은 근본 원인에서 파생된 문제를 해결하는 것이 아니라 근본원인을 찾아서 해결하는 것이다. 질문 방식이 왜가 아니라 어떤 원인으로 결과가 일어났는가라고 시작해야 한다. 질문에 대한 대답은 명확해야 한다."

어떻게 해결해야 할지 몰라 막연해하던 문제도 하나씩 원인을 거슬러 올라가 보면 명쾌하게 답을 뽑아낼 수 있다. 당장의 현상만 가지고 솔루션을 찾기보다는 Root Cause, 즉 근본적인 원인을 찾는 데 집중하자. 지금의 문제는 이전의 또 다른 문제에서 파생된 것일 수 있다.

06

현실적인 전략을 세워라

높은 목표, 탈출구 없는 계획을 세우고 전진하는 것도 중요하지만, 나를 둘러싼 환경이 어떠한지를 제대로 파악하는 것은 중요하다. 내가 아무리 완벽한 목표와 계획을 수립했다고 하더라도, 환경에 따라 변수는 발생하기 때문이다.

우리는 간혹 예상치 못한 일을 '천재지변'이라고 이야기한다. 예를 들면 지금과 같이 코로나19로 인한 팬데믹 현상이 예상하지 못한 변수가 될 수 있다. 문전성시를 이루던 가게들도 코로나로 인해 줄줄이 폐업하고 있으며, 여행산업들도 부진을 면하지 못하고 있다.

하지만 팬데믹 이후에 오히려 잘나가는 가게들도 있다. 드라이브 스루, 픽업, 배달 서비스, 무인점포 시스템 등에 투자한 곳들이다.

대표적인 기업은 던킨(Dunkin) 그룹이다. 던킨 그룹은 언택트 시대에 대비해 1억 달러 이상을 투자했다고 한다. 모바일 어플리케이션에 AI 서비스를 도입해서 음성으로 주문을 할 수 있게 만들었다. 그리고 드라이브 스루 기능도 '일반' 드라이브 스루와 다르게 모바일 어플리케이션으로 주문 시 픽업만 하면 되는 '온더고'를 서비스를 출시했다.

또한 다양한 비대면 서비스를 위해 픽업 시간을 설정하고 사물함에서 가져가는 서비스와 아메리카노, 콜드브루를 탭으로 직접 담아가는 셀프서비스도 시험하는 등 다양한 서비스 개발로 고객들을 확보하고 있다.

점원을 줄이기 위해 스터디카페 등은 무인 키오스크를 설치하고 영업을 하고 있다. 무인 운영 시스템을 통해 점포 매출 하락을 운영 효율개선으로 극복하고 있는 것이다. 그리고 이러한 무인 점포운영을 위한 키오스크 개발 회사들은 고속 성장을 하고 있다. 시대의 흐름을 파악하고 미리 대비한 곳들은 코로나19 시대의 위기를 이용해 성장하고 있다.

인간은 오랜 역사 동안 우리는 많은 천재지변을 겪어왔다. 《세종실록》에 의하면 세종대왕은 다음과 같은 말을 남겼다.

"천재(天災)와 지이(地異)가 일어나고 일어나지 않고는 사람이 어찌할 수 없지만, 그에 대한 조치를 잘하고 못하고는 사람이 능히 할 수 있는 일이다."

비즈니스 환경은 계속해서 변해간다. 그 변해가는 환경에 적응하지 못하고 내가 세운 목표만 바라보고 있다면 수많은 기회를 잃을 수 있다. 목표란 방향을 의미하지 어떤 정해진 한 지점을 의미하는 것은 아니다.

목표란 일종의 나침반과 같은 역할이어야 한다. 그래야 변화하는 환경 속에서 길을 잃지 않되 어떤 한 지점에 다다르기 위한 계획에만 얽매이지 않고 유연하게 대처할 수 있는 것이다.

우리는 미래를 알 수 없다. 미래를 예측하고 계획을 세운다는 것은 이미 잘못된 생각인지도 모른다. 변화무쌍한 현실에 얼마나 잘 적응하고 버텨내는 전략인가가 더 중요하다. 아무리 탄탄한 계획을 세워도 거친 현실을 맞닥뜨리게 되면 우리는 현실에 굴복할 수밖에 없다.

사회환경의 변화에 따라 고객의 심리나 행동이 어떻게 변화하는지를 늘 관찰하고 그 변화에 빠르게 대응하는 기업만이 살아남을 수 있다. 예측하기 어렵다고 지켜보기만 하다가 돌이킬 수 없이 실패할 수 있다.

지나치게 긍정적인 마인드로 '이 또한 지나가리라'라는 생각으로 사업을 하면 안 된다. '이 또한 나에게 좋은 기회이리라'라는 생각으로 놓치지 않고 달려들어야 한다.

그렇다고 유행에 따라 이 사업, 저 사업을 따라다니기만 하는 일은 없어야 한다. 남들이 한다고 그대로 따라 하는 것이 시대의 변화에 적응하는 방법은 아니다. 나의 핵심역량이 무엇인지를 명확히 하고 그 사업에 맞게 확장하거나 변화해나가는 것이 좋다.

또한 우리는 환경변화에 대처하기 위해 손실을 감당하는 결단이 필요한 경우도 있다. 가지고 있는 자산의 가치가 더 이상 상승할 수 없을 때는 그 자산은 처분하는 것이 장기적으로 손해를 줄일 수 있는 방법이다.

개인의 경우를 예로 들면, 내가 몇 년간 공들여 온 일이 있다고 하더라도 회사의 전략 방향과 더 이상 맞지 않다고 생각되면 과감히 포기하고 새로운 일을 만들어야 한다. 이것을 우리는 매몰비용(Sunk Cost)라고 한다. 어떤 선택의 번복 여부와 무관하게 회수할 수 없는 비용을 가리키는 말이다.

잘못된 길을 들어섰을 때 우리는 바로 돌아나가면 되는데, 혹시나 하는 마음에 조금만 더 가보자는 생각으로 계속 어둠 속으로 발을 내디딘다. 막다른 골목에 들어서면 무서운 사냥개가 기다리고 있기도 하다. '이상하다 싶을 때 돌아설 걸' 하고 생각해보지만 이미 때는 늦었다.

이상하게도 우리는 선택은 합리적으로 하면서 포기해야 하는 순간에는 비합리적인 사고를 하게 된다. 본능적으로 사람은 손해보는 것을 좋아하지 않아서일 것이다.

물론 사람들은 의사결정 과정에서 비합리적인 선택을 많이 한다. '휴리스틱(Heuristics)'한 결정이 최적의 절차보다 더 나은 결정을 내리는 경우가 있다. 휴리스틱이란 문제해결, 학습 및 발견을 위한 경험 기반의 기술을 말한다.

우리는 일상과 일생에서 지향하는 것에 대한 자신만의 기준을 세운다. 그리고 인간은 경험과 감정은 때로는 의사결정 과정에서 가장 영향력 있는 역할을 한다. 반면 합리적 의사결정 모델은 사람들이 완전한 정보를 가지고 있으며 최적의 선택을 하기 위해 대안을 객관적으로 평가하는 것을 말한다.

우리는 투자한 시간과 노력이 아까워 합리적인 결정을 하지 못하는 경우가 많다. 현실적인 전략은 현실적인 포기를 받아들이는 일이기도 하다. 하지만 내가 개발한 신기술이 더 이상 세상에서 효용가치가 없는데 무리하게 개발을 지속하는 것은 현실적이지 않은 선택이다.

때로는 과감하게 포기하고 새롭게 시작하는 것이 더 큰 손실을 막을 수 있는 방법이기도 하다. 하지만 이러한 판단력은 쉽게 길러지지 않는다. 오랜 경험과 공부를 통해 얻을 수 있는 것이다.

환경 변화에 대처하고 올바른 판단 기준을 확보하기 위해서 끊임없이 내가 속한 분야와 주변의 상황을 끊임없이 관찰하고 연구하는 일을 게을리하지 않아야 한다.

기업을 성공시키는 요인은 다양하지만, 기업 내부 요인보다는 기업이 속한 산업이나 국가의 구조적 특성, 정부 정책과 같은 외적 요인에 더 크게 좌우된다. 기업은 어떠한 자원을 보유하고 있는가보다 그 자원을 어떻게 활용하는가에 따라 흥망성쇠가 결정된다.

내가 가진 자원을 명확하게 인지하고 현실적으로 방향을 설정하고 실행계획을 세운다면 어떠한 상황에서도 견디고 성공할 수 있을 것이다.

변화무쌍한 현실을 너무 두려워하지 말고 자연스럽게 몸을 맡기고 흐름에 맡기고 그 속에서 최선을 다하면 된다. 견뎌내면 밝은 현실이 내 앞에 나타날 것이다.

07

전략은 유연해야 한다

직장인이라면 누구나 애자일(Agile)이라는 말을 많이 들어봤을 것이다. 대체 이 말이 무엇이길래 다들 '애자일'을 부르짖는 것일까?

애자일이라는 말은 '민첩한', '기민한'이라는 의미로 소규모 팀으로 업무를 수행하는 조직문화를 말한다. IT 업계에서 시작된 용어로 개발 단위를 최소화해서 위험을 줄이기 위한 방법론으로 시작된 문화다.

최근 애자일은 기술, 제조, 제약, 통신, 패션 등 IT뿐만 아니라 여러 분야에 적용되고 있다. 애자일은 어떤 일을 완성하기 위해 오랜 시간이 소요되거나 위험부담이 큰 경우, 사전 분석이나 기획 기간을 최소화하고 프로토타입(Prototype)을 만들고 반복적인 피드백을 통해 완성도를 높여가는 장점이 있다. 이러한 방법론은 스타트업이나 불확실성이 높은 비즈니스 환경에서 많이 사용된다.

애자일의 본질은 프로세스를 고집하기보다 상호작용에 의한 자가 발전에 있다. 어떠한 전략도 완벽할 수는 없다. 전략은 마치 살아 움직이는 생명체와 같아서 실행하면서 더욱 숙성된다. 짜여진 계획에 의존하기보다는 변화에 맞춰가는 것이다.

어느 순간부터 조직에서 중장기 전략 수립이라는 단어가 사라지기 시작했다. 당장 오늘, 이번 달, 이번 분기에 대한 이야기만 가득하다. 물론 기업이 추구하는 방향은 명확해야 하는 것은 자명한 사실이지만 꿈만 좇다가 현실을 놓칠 수는 없기 때문이다.

세상의 변화 속도를 모두 수용하기에 중장기 전략은 비현실적이다. 방향만 정하되, 단기적으로 실행하면서 전략을 발전시켜나가는 것이 현실적이다. 그래서 더욱 애자일이라는 단어가 많이 등장하는 것이 아닐까?

왜 이 일을 하는가에 대해 의미와 목적을 부여하고 긴 호흡으로 여러 구성원이 조화롭고 유연하게 상호작용을 하며 일을 성공시켜나가는 것이다. 절차가 아닌 상호작용, 경쟁보다 협력을 통해 발전해나갈 수 있는 문화 시스템이다. 애자일은 본래 조직을 유연하게 운영하기 위한 방법이지만, 개인의 업무를 위해서 적용해보는 것도 가능하다.

조직을 민첩하고 유연하게 바꾸기 위해 애자일 전략을 도입하는 기업이 많아지고 있다. 국내 스타트업 중 애자일 성공사례 기업으로 '토스'가 있다. 토스는 넷플릭스와 상당히 비슷하다. 토스는 자유와 책임이라는 문화적 프레임 안에서 가치 중심적인 행동을 강조하고 평가한다. 일반 기업들이 성과를 중심으로 개인을 평가하는 반면, 토스에는 개인의 성과평가 대신 조직 공동성과에 대한 인센티브를 강조한다.

최근 인재 영입을 위해 연봉 1.5배 지급 등 초기에 추구하던 방향과는 다르게 운영되는 부분도 있긴 하지만 여전히 기업 공통의 가치를 최우선으로 하기 위한 문화를 만들어서 빠르게 성장한 기업이다.

구글은 애자일 조직운영의 대표적인 성공기업이다. 구글은 필요에 따라 프로젝트 단위로 소규모 팀을 만들기도 하고 해체하기도 한다. 구글은 자체 연구팀을 통해 최고의 성과를 내는 팀을 분석했다. 그 결과, 최고의 인재들이 모인 팀보다 팀의 역할과 목표를 명확히 공유하고 상호 의존적인 관계로 구성된 팀이 최고의 성과를 내고 있음을 알게 되었다. 상호 간의 신뢰와 공동의 가치가 얼마나 영향력이 큰 것인가를 알 수 있는 것이다.

애자일은 시장의 빠른 변화에 대응하기에 좋은 기업 문화다. 기존의 유형화된 틀을 버리고 보다 유연하게 조직을 움직일 수 있는 소통의 문화다. 핵심 철학이 권한 분산이기 때문에 요즘 세대들에게 적합한 문화이기도 하다. 코로나19로 인해 불확실성이 늘어나면서 부서 간 경계를 허물어 소통을 원활하게 하고 자율을 보장해 효율과 속도를 극대화하기 위해서 조직 운영의 변화는 더더욱 필요하다.

그러나 한국 기업은 애자일을 도입하기 어려운 것이 현실이다. 한국 조직이 애자일을 도입하기 어려운 이유는 무엇일까?

우리는 명확한 목표 아래 모든 구성원이 하나되어 일하는 방식을 추구해왔다. 개인의 자율을 기반으로 움직이는 조직이 아니었다. 강력한 리더에 의해 공동체 의식을 가지고 탑다운(Top-down) 방식으로 운영되어 왔다.

그러나 애자일은 구성원들 간의 협력을 통해 공동의 가치를 중심으로 움직이는 문화다. 구성원 개개인이 스스로 판단하고 실행하는 수평적인 조직문화다. 기존의 조직문화로는 MZ세대들을 중심으로 구성되는 조직을 이끌어갈 수 없고, 빠르게 변화하는 시대에 적응하기도 어렵다. 기업이 스스로 변화하고 유연함을 키우기 위해서는 조직 운영에 대한 관점을 바꾸어야 하는 것이다.

애자일이 트렌드라고 해서 마치 시스템 구축처럼 '도입하라'라고 지시만 내리면 바로 적용되지는 않는다. 문화가 조직 내에 스며들려면 기업마다 특성을 반영한 자체적인 애자일 문화를 만들어야 하며, 모든 임직원이 그 가치와 철학을 이해하고 안정화되도록 함께 노력해야 한다. 다른 회사의 성공 사례 그대로 도입한다고 성공할 수 없는 것이다.

지금과 같은 불확실성 시대에서의 경영은 산을 오르는 것보다는 바다를 항해하는 것에 가깝다. 산은 움직이지 않고 그 자리에 있다. 맹수가 나타나거나 천재지변이 발생하는 일이 있기는 하지만 극히 드문 일이다. 하지만 바다는 그야말로 어느 하나 예측 가능한 것이 없다.

바다는 예측 불가능한 상황들로 가득하다. 목적지와 경유지를 정하고 기본적인 항로는 정하고 출발하지만, 항로 그대로만 운행할 수는 없다.

갑자기 비바람이 몰아치고 언제 어디서든 암초를 만날 수 있다. 암초를 만나면 항해 길을 돌아가듯 거센 폭풍우가 몰아치면 잠시 인근 항구를 찾아 정박하고 다시 출발해야 한다.

자신의 위치를 알 수 있는 나침반이나 항해 시스템이 있기는 하지만 주위를 둘러보면 아무것도 없고 내가 정말 어디 있는지도 정확히 알 수 없다.

이렇듯 모든 일이 계획대로 이루어질 수 없는 것이 오늘날의 경영 환경이다. 바람이 어디로 부는지 확인하고 그 바람의 힘을 이용해 돛을 달고 가기도 하고, 돛을 접고 파도에 맡겨 생존만을 생각해야 하는 순간이 있기도 하다.

그리고 그렇게 위기를 넘기고 잔잔한 바다가 되면 다시 항로를 정정하고 다시 목표 방향을 따라 배를 움직여야 한다.

날씨때문에 오늘 목표한 항로를 가지 못했다고 실패한 것은 아니다. 살아남기 위해 잠시 다른 길을 선택하는 것뿐이다. 살아남은 후에 다시 목표지점을 향해 방향을 설정하면 된다. 그것이 지금의 기업들에 애자일 문화가 필요한 이유다.

곧은 나무는 바람에 부러진다는 말이 있다. 바람에 따라 흔들리기도 해야 부러지지 않고 자라날 수 있다. 상황에 따라 휘둘리라는 말은 아니다. 대나무처럼 단단하지만 부러지지 않는 유연함이 필요하다.

유연함을 가진 기업, 사람은 가지고 있는 능력을 바탕으로 새로운 것을 유연하게 받아들이고 성장할 수 있다. 자신의 방식만을 고집하면 성장은 멈춘다. 성장을 위한 유연한 사고, 유연한 조직문화를 가진 개인과 기업만이 거센 파도가 몰아치는 불확실성의 시대에 살아남을 수 있을 것이다.

4장

최고의 기업이
당신을
선택하게 하는 비결

01

문제를 분류해서
해결책을 찾아라

우리는 해결하기 어려운 문제를 만나면 당황한다. '내가 모르는 분야인데, 나 혼자서는 어려운데' 하며 쉽게 포기한다. 하지만 내가 잘 아는 문제는 별다른 어려움 없이 쉽게 해결한다. 어려운 문제와 쉬운 문제의 차이는 무엇일까? 해결 방법이 다를까?

어떤 문제를 접해도 쉽게 해결해나가는 사람들이 있다. 문제를 해결하는 그들만의 방법이 있는 것일까?

내 문제에 대해서는 명쾌한 답을 내지 못하면서, 남의 일에는 척척 해결책을 제시해준 경험이 누구나 있을 것이다. 남의 일은 틀리면 안 된다는 부담감이 없기 때문에 해결책에 접근하기가 더 쉽다. 한편, 주관적인 경험에 의존해 해답을 찾으려고 하면 머리가 뒤죽박죽되고 해답을 찾기가 막연해진다. 결국, 우리는 모르는 일, 어려운 일이라고 여겨지는 상황을 두려워하기 때문에 실패하는 것이다.

문제를 객관화하고 나면, 사실을 있는 그대로 명확히 정의하고 정리해나갈 수 있다. 문제를 객관화하는 것이 바로 문제해결의 시작점이다. 생활 속에서 접하는 문제라면 객관화하는 것만으로도 좋은 시작이 될 것이다.

하지만 전문 분야의 일이라면 어떨까? 해당 분야에 뛰어난 전문지식을 가진 사람이라면 그 분야의 문제에 대해서는 남다른 해결책을 찾아낼 수 있을 것이다. 하지만 전문지식을 습득하려면 상당히 오랜 시간이 소요된다. 그 때문에 특정 분야 외에는 다른 분야를 다룰 수 없게 된다. 해결할 수 있는 문제에 한계가 생기는 것이다. 그렇다면 어떻게 해야 처음 접하는 일도 해결책을 찾아나갈 수 있을까?

이메일로 '2022_마케팅_실적.xlsx'와 같은 이름의 파일을 받았다고 가정해보자. 우리는 첨부파일을 다운로드한 뒤 어느 폴더에 넣을지 고민할 것이다. '2022년' 하위로 '마케팅' 폴더를 생성할지, '마케팅' 하위로 '2022년' 또는 '실적' 폴더를 만들지 분류 체계를 만들려고 할 것이다. 파일의 내용을 정의하고 분류 작업을 하는 것이다.

이때 중복된 이름의 폴더가 있거나, 같은 파일이 여러 폴더에 존재하지 않도록 하는 것이 중요하다. 그래야 나중에 찾기가 쉽고 다른 문서들도 체계에 맞추어 분류할 수 있다. 파일의 저장 위치를 결정하지 못하고 있다면 당신은 그 파일의 내용을 정확히 이해하지 못하고 있는 것이다.

어느 쇼핑몰에서 고객들에게 각각 알맞은 혜택을 제공하고자 고민하고 있다고 가정해보자. 그런데 고객이 100만 명이라면 모든 고객 각자에게 맞춤 혜택을 줄 수는 없다. 이때 비슷한 특성의 고객들을 그룹핑해 그룹별로 혜택을 주면 훨씬 효과적일 것이다.

그럼 그룹은 어떻게 나누는 것이 좋을까? 먼저 방문 횟수를 기준으로 처음 방문한 고객과 두 번 이상 방문한 고객으로 1차 분류한다. 그다음 구매 여부에 따라 그룹을 나누어보는 것이다. 그럼 총 4개의 그룹이 만들어질 것이다. 처음 방문하고 구매 이력이 없는 고객, 처음 방문하고 구매 이력이 있는 고객, 2회 이상 방문했으나 구매 이력이 없는 고객, 2회 이상 방문하고 구매 이력도 있는 고객. 이렇게 분류하면 각각의 그룹에 어떤 혜택을 고객들이 좋아할지, 문제해결에 대한 접근이 쉬워진다.

하나의 문제를 2개로 분류하고, 분류된 내용을 또 각각 2개로 분류해 문제를 작게 쪼개니 해결책이 쉽게 떠오르지 않는가? 이렇게 문제를 분류해 생각하는 것은 처음에는 어려울 수 있다. 문제를 해체하는 과정은 연습이 필요하다. 어떻게 나누어야 하는가의 기준점을 잡는 것이 중요하다. 기준을 명확히 하기 어려운 것들도 존재하기 때문에 학습을 통해 자신만의 방법을 만들어가는 것이 필요하다.

분류하는 기준은 객관적이어야 하고, 의미가 있어야 한다. 단순히 나누는 데만 치중한 기준을 적용하면 원하는 결과를 얻어내기 어렵다.

쇼핑몰에서 '전기오븐'의 카테고리를 분류한다고 가정해보자. 이때 상품 속성 자체만 가지고 분류할 수도 있고, 상품이 활용되는 상황을 고려해 분류할 수도 있다. 전기오븐은 상품의 속성으로 보면 가전제품, 상품을 활용하는 장소를 기준으로 보면 주방용품이다. 결국, 해당 쇼핑몰에서 고객들에게 상품을 소개하는 마케팅 방식에 따라, 같은 제품도 다르게 분류될 수 있다.

사물이나 결과를 분류하는 것이 아닌, 현상을 분류하는 것은 좀 더 어려울 수 있다. 이때는 어떻게 일어난 일인지 앞뒤 관계를 파악하는 것이 필요하다. 원인과 결과를 명확하게 파악하려면 수많은 질문을 해봐야 한다.

구매한 제품이 약속한 날짜에 배송이 되지 않고 있다고 가정해보자. 원인을 어디서부터 찾아보아야 할까? 제품 자체의 흐름을 생각하면 어느 단계에서 문제가 생긴 것인지, 원인 분류가 쉬워진다. 생산의 문제인지, 배송과정의 문제인지, 배송주소가 잘못 입력되었는지, 문앞에 배송이 되었지만, 분실된 것인지. 물건의 생산부터 도착까지의 전 과정을 분해해 보면 원인을 찾을 수 있다.

또한, 분류는 서로 중복되거나 누락되지 않아야 한다. 중복을 없애는 것은 연습으로 가능하나, 누락을 없애려면 해당 내용과 관련된 전문적인 지식 또는 경험이 필요하다.

쇼핑몰 주문정보를 기준으로 주문고객의 등급을 분류한다고 해보자. 기존 구매 이력을 기준으로 구매 횟수, 구매 금액에 따라 분류할 수 있을 것이다. 100만 건의 주문정보를 기준으로 고객을 그룹핑했는데, 그 고객들의 구매 횟수의 합이 90만 건이라면? 10만 건은 어디서 누락된 것일까? 비회원이 주문한 경우, 주문정보에 고객정보가 매칭되지 않는다. 그 때문에 10만 건의 누락이 발생한 것이다.

구조화해 사고하지 않아 비논리적인 결론을 내리기도 한다. 문제해결을 위해 어떤 점을 중점적으로 분석해야 할지, 질문을 통해 명확히 정의해야 한다.

'나는 왜 일하기 싫은가?'라는 문제를 놓고 원인을 분석한다고 가정해보자. 일하기 싫은 이유는 수만 가지가 있을 것이다. 그 수만 가지의 원인을 모두 분석할 수는 없다. 당장 오늘 일하기 싫은 것인지, 지금 재직 중인 회사에서 일하기 싫은 것인지, 보다 근본적으로 일이라는 것 자체가 영원히 하기 싫은 것인지, 범위를 좁혀야 한다.

그러한 과정 없이 일하기 싫은 이유를 나열하기 시작하면, 이유를 그룹핑하기도 어렵고 결론을 내리기도 어렵다. 결국, 의미 없는 분석으로 시간만 낭비하게 된다.

우리는 복잡한 문제를 마주하게 되면 막연함에 문제를 깊이 들여다보지 않는다. 복잡한 문제일수록 문제를 단위로 분류하는 과정이 쉽지 않기 때문이다. 그러나 어려워하는 이유를 더 살펴보면 복잡한 문제를 한 번에 풀어내려고 하기 때문이다. 이때 단계적으로 접근하면, 얼마든지 단순화하고 구조화할 수 있다.

특정한 분야에 한정해 문제가 주어진다면, 해당 분야의 전문가가 단번에 해결의 실마리를 찾아낼 수 있을 것이다. 그러나 우리는 모든 분야의 전문가가 될 수 없다. 그렇더라도 논리적으로 생각하는 법을 끊임없이 연습한다면 해결하지 못하는 문제는 없을 것이다.

낯설고 복잡한 문제를 만나게 되더라도 두려워하지 말자. 'Why' 라는 질문을 끊임없이 던지고, 사실에 근거해 가능한 한 가장 작은 단위로 분류하고, 자신만의 기준으로 통합해 문제를 정의하면 누구나 쉽게 답을 찾을 수 있다.

02

비판적 사고와
표현의 기술을 키워라

당연한 일을 당연하지 않게 생각해본 적이 있는가?

시장을 확대하기 위해 신제품을 출시하라는 목표를 받았다고 하자. 이러한 목표를 받으면 보통은 어떤 신제품을 만들면 좋을지 시장 조사를 하고 아이디어 회의에 돌입한다. 그리고 여러 후보군을 만들고 연구를 시작한다.

그런데 부여받은 목표가 정말 신제품 출시였을까? 다시 한번 목표를 읽어보자. 회사 입장에서는 신제품을 출시보다 시장 확대가 더 중요한 목표라는 것을 알 수 있을 것이다. 시장을 확대하는 방법은 기존 제품을 새롭게 브랜딩해서 마케팅을 해도 가능한 일이다. 연구비를 투자해가며 어렵게 접근할 필요가 없을 수 있다. 기존 제품의 리뉴얼에 대해 제안한다면 회사에서도 미처 생각하지 못했던 방법이라고 생각하고 좋은 아이디어로 받아들일 수 있을 것이다.

또 다른 예로, 고객만족도 증대를 위해 구매고객에게 어떤 혜택을 제공할지 의견을 제출할 것을 전달받았다고 하자. 과연 어떤 생각이 먼저 떠오르는가? 다음 구매 시 이용할 수 있는 쿠폰을 줘야 할까? 구매고객 대상으로 추첨해서 사은품을 제공해야 할까?

꼭 구매혜택을 주어야 고객이 만족한다는 생각을 뒤집어볼 필요가 있다. 이미 구매한 고객을 관리하기 이전에 구매하는 과정에서의 편리성을 제공해주면 어떨까? 다른 혜택을 주지 않아도 서비스에 대한 만족도가 높아지지 않을까?

우리는 종종 정말 중요한 포인트를 놓치고, 부차적인 것들에 노력을 기울인다. 문제의 본질이 무엇인가를 놓치지 않으려면 당연하다고 생각되는 것들에 대해 끊임없이 의심하고 질문을 해야 한다. 그것이 비판적 사고의 출발점이다.

사고의 폭을 넓히고 문제를 바라보면 남들과 다른 답을 얻을 수 있다. 같은 문제도 다르게 답을 풀어내는 사람들을 보면 항상 다른 시각을 가지고 문제를 접하는 것을 볼 수 있다.

그들은 질문을 통해서 문제를 정의해나간다. 스스로 질문을 하고 답을 찾아 나가다 보면 모호하던 생각이 확실해지고 익숙했던 개념도 낯설고 새롭게 보인다. 당연하게 생각하던 것들에 대해 끊임없이 질문하는 연습을 해보자.

때로는 질문을 단순하게 생각해보는 것도 좋다.

나는 최근 이런 질문을 받은 적이 있다.

"3달 안에 매출을 3배 늘리려면 어떻게 하면 될까요?"

나의 대답은 간단했다.

"고객이 한번 주문할 때 3배로 결제하게 만들면 됩니다."

너무 당연한 말이 아니냐고 반문하는 사람도 있을 것이다. 하지만 생각해보면 당연한 답을 두고 멀리서 답을 찾으려고 하니 어려웠던 게 아닐까? 3배로 결제하게 만드는 상품을 개발하면 완벽한 정답으로 만들 수 있다.

"구매 과정에서 구매 편의성을 저해하지 않으면서 타 서비스의 무료 이용혜택을 제공할 방법이 있을까요?"라는 질문이 이어졌다.

역시 나의 대답은 간단했다.

"구매한 뒤에 구매완료 페이지나 배송완료 안내메시지 발송 시에 제공하면 되죠. 결제를 완료하기 전에는 구매결정을 방해하는 프로세스를 추가하면 안 됩니다."

한 번에 완벽한 답을 내놓을 필요는 없다. 질문에 대한 답을 찾고, 그 답을 위한 해답을 또 찾으면 된다. 사고의 틀을 깨면 의외로 문제는 쉽게 해결된다.

비판적 사고와 함께 갖추어야 할 필수 능력이 있다. 내 생각을 남들에게 잘 전달하는 능력이다. 아무리 좋은 생각을 갖고있어도 남들에게 이해시킬 수 없다면 좋은 결과를 만들 수 없다. 생각을 전달하는 것이 어려운 이유는 무엇일까? 내가 완벽하게 이해하고 있지 못하는 것은 아닐까? 내 생각이 논리정연하게 정리되어 있지 않으면 설명이 복잡해지고 뒤죽박죽이 되어버린다.

정말 입사하고 싶은 회사의 면접에서 잘 모르는 질문을 받아서 힘들었던 경우가 누구나 한 번쯤 있을 것이다. 그때의 상황을 떠올려보자. 모른다고 말할 수는 없고, 그렇다고 대답을 하자니 횡설수설이 되어 만족스러운 답을 하지 못했을 것이다. 억지로 말을 이어가다 질문의 포인트를 놓쳐서 무엇을 말하고자 했는지 잊어버리기도 한다. 때로는 질문이 무엇이었는지 잊어버리기도 한다. 말이 정리가 되지 않는 것은 내 생각이 명쾌하게 정리가 되지 않았기 때문이다. 결국 남에게 설명할 수 없다면 나는 모르는 것이나 마찬가지다.

하지만 절망할 필요는 없다. 논리적으로 설명하는 기술은 연습으로 키울 수 있다. 일상생활에서 충분히 연습이 가능하다. 가끔 같은 음식을 먹고도 누군가는 '맛있다'고 말하는 데 그치지만, 어떤 사람은 마치 같이 먹고 있다고 느낄 수 있을 만큼 맛 표현을 사실적이고 상세하게 하는 경우가 있다. 먹어보지 않아도 먹어본 것 같은 느낌을 줄 수 있을 정도면 전달력은 그 이상 뛰어날 수 없다. 이렇게 생활 속에서 사소한 것부터 표현하는 연습을 해나가면 상대방의 입장에서 이해하기 쉽게 설명하는 방법을 빠르게 터득할 수 있다.

간혹 자신의 지식을 자랑하기 위해 어려운 단어들을 사용하며 설명하는 사람이 있다. 하지만 진짜 전문가들은 정말 쉬운 단어로 복잡한 내용을 알기 쉽게 설명한다. 어려운 내용을 쉽게 설명할 수 있다는 것은 그 내용의 본질을 완벽하게 꿰뚫어야 가능하다. 물론 전문가들 끼리의 대화에서는 어려운 업계 용어를 사용하며 대화하는 것이 당연하지만, 비전문가와의 대화에서 잘난 척하며 어렵게 설명하는 사람은 진짜 전문가가 아니다.

메타 인지라는 것이 있다. 메타 인지는 자신의 인지적 활동에 대한 지식과 조절을 의미하는 것으로 내가 무엇을 알고 모르는지에 대해 아는 것에서부터 자신이 모르는 부분을 보완하기 위한 계획과 그 계획의 실행과정을 평가하는 것에 이르는 전반을 의미한다.

메타 인지력이 뛰어난 사람은 어떤 일을 하더라도 자신에게 무엇이 부족하고 필요한지를 잘 알기 때문에 효과적인 사고와 판단을 할 수 있다. 자신을 객관화할 수 있는 능력인 셈이다.

인지 심리학자들이 많이 하는 말이 있다.

"세상에는 두 가지 종류의 지식이 있다. 첫 번째는 내가 알고 있다는 느낌은 있는데 설명할 수는 없는 지식이고 두 번째는 내가 알고 있다는 느낌뿐만 아니라 남들에게 설명할 수도 있는 지식이다. 두 번째 지식만 진짜 지식이며 내가 쓸 수 있는 지식이다."

설명할 수 없는 경우는 실제로 알고 있는 것이 아닌 경우다. 알고 있다고 착각하고 있을 뿐 막상 설명하려고 보면 아는 것이 하나도 없는 익숙한 것이거나 그저 들어본 적 있는 것일 뿐이다.

시험공부를 할 때 마치 내가 누군가에게 가르치듯이 이야기하며 공부를 하는 경우가 있다. 누군가를 이해시키기 위한 행동을 하면서 자연스럽게 지식을 습득하는 방법이다.

과외 아르바이트를 해본 경험이 있는 사람이라면 더욱 공감할 것이다. 중고등학교 때 배웠고 다 안다고 생각했던 내용도 막상 가르치려고 하면 무슨 말부터 해야 할지 막막해진다. 나도 과외 준비를 하면서 중고등학교 학습지를 실제로 다 풀어가며 더 열심히 공부한 경험이 있다. '다시 수능을 보면 어떨까?' 하는 생각이 들 정도로 전체를 다시 공부했었다.

회사에서도 발표 준비를 하면서 문제를 보다 깊이 파악하게 되는 경험들을 누구나 해봤을 것이다. 실제로 입으로 연습하면서 발표 준비를 하다 보면 내가 어떤 부분에 있어서 설명이 안 되는지 알게 된다. 그러면 그 부분에 대해 추가적인 자료를 조사하면서 설명을 보완하려고 한다. 그리고 질문에 대비하기 위해 예상 질문에 대한 답도 준비한다. 준비하는 과정에서 완벽히 내 것으로 만들게 되고, 남이 만들어준 표현이 아닌 나의 표현으로 상대방에게 설명할 수 있게 된다. 이 것이 바로 메타 인지를 통한 학습의 결과다.

결국 비판적 사고와 표현의 기술을 키우는 방법은 사고의 틀을 만들어 끊임없이 질문하고 다른 사람에게 설명할 수 있을 정도로 완벽히 내 것으로 만드는 것이다.

03

최악을 생각하고
최선을 실행하라

직장생활을 해본 사람이면 누구나 일터가 마치 전쟁터 같이 느껴질 때가 있다. 내 목숨을 지키고, 내 군대를 지키며 싸움에서 승리하는 일이 조직에서 살아남아야 하는 것과 다를 바가 없다.

'잘 될거야'라는 생각으로 일을 진행하다 보면 갑작스러운 위기에 아무런 대응을 하지 못하고 주저앉게 되는 경우가 있다. 하지만 '기한 내에 이 일을 마무리하지 못하면 어떻게 하지?'라고 생각하면 혹시 모를 변수에 대비한 수많은 시나리오를 떠올리고 준비하게 된다.

실제 전쟁터에 있다고 생각해보자. '설마 죽겠어?'라고 생각하는 병사가 있을까? 누구나 '죽으면 어떻게 하지?'를 먼저 떠올리지 않을까? 죽지 않기 위해 숨어있어도 살아남는다는 보장이 없는 곳이 전쟁터다. 폭격으로 한 번에 그 지역이 파괴되어버리기도 하니까.

<덩케르크>라는 영화를 본 사람이라면 더욱 깊이 공감이 될 것이

다. 이 영화는 다른 전쟁영화와는 다르게 승리를 위해 싸우는 것이 아니라 탈출하기 위해 싸우는 내용을 다룬다.

이 영화를 보면 전쟁에서 살아남기 위해 '도망가면 그만이지'라는 생각은 할 수 없게 된다. 탈출 차례를 기다리는 연합군에게 폭격기의 공격이 쏟아지고, 연합군은 보이지 않는 적에게 처절하게 당한다. 언제 어디서 공격할지 모르는 보이지 않는 적만큼 무서운 것이 있을까.

탈출하는 과정에서 또다시 피하려던 전쟁터로 끌려오기도 하는 이야기를 보며 위기에서 벗어나는 것은 절대 그 자리를 피하는 것이 아니라 극복해야 하는 것임을 깨닫게 된다.

맞서 싸우면 적은 눈앞에 보인다. 하지만 도망가려고 하면 나는 적에게 등을 보이게 되고 내 눈에는 적이 보이지 않는다. 공포스러운 일이다. 도망가면 모든 것이 끝나는 것도 아니다. 직장에서 전쟁과 같은 상황은 끝도 없이 나타난다. 피하는 것이 능사가 아니다.

결국 우리는 피할 수 없는 상황을 어떻게 이겨낼 것인가 방법을 찾는 것이 필요하다. 최악의 경우 죽을 수도 있다고 생각하고 일어날 수 있는 모든 가능성들을 염두해두어야 한다.

《승자의 DNA》라는 책에서는 역사적인 인물들을 통해 전쟁에서 승리하는 법에 대해 나룬다. 그중 100년 넘게 영국을 단 한 차례도 침공도 받지 않은 군사 강국으로 만든 호레이쇼 넬슨(Horatio Nelson)이 두려움 때문에 앞으로 나아가지 못하는 사람들에게 남긴 다음과 같은 교훈이 나온다.

"주도권을 잡고 적이 그 주도권을 빼앗지 못하게 하라. 필요할 경우 규칙을 어기고 명령에 불복종하라. 병사들이 전투를 제2의 천성처럼 여길 수 있도록 끊임없이 훈련하라. 푸른 이념의 불꽃으로 적을 혐오하라"라고 말한다. 그리고 "받을 수 있는 모든 지원금을 받아내고 그 돈으로 가장 좋은 무기를 구입하라. 부하들에게 신뢰를 얻어 이들에게 영감을 불어넣어라. 그리고 난폭하게 적을 밀어붙여 상대가 늘 수비상태에 머물도록 강제하라"라고 한다.

위기를 피하기보다는 위기에 맞서 강력하게 일을 추진한 자가 전쟁의 승리자가 되는 것이다.

나는 8월간 추진하는 프로젝트에 중간에 투입된 적이 있다. 내가 투입되기 이전의 프로젝트 책임자가 해결이 어렵다고 손을 든 프로젝트였다. 갑작스럽게 투입된 나는 현장의 문제점을 파악하고 복구 방안을 수립하는데 일주일이 꼬박 걸렸다.

서비스 론칭은 프로젝트를 의뢰한 고객과의 약속 날짜를 두 번이나 맞추지 못한 상태였다. 디자인과 개발의 완성도는 고객이 예상한 것과는 차이가 너무 컸다. 앞서 진행한 4개월간의 결과물은 말끔히 포기하고 남은 4개월 동안 새롭게 진행해야 하는 상황이었다.

기존에 작업하던 사람들과의 마찰은 물론이고, 고객은 초반에 논의한 내용을 뒤엎는 무리한 요구사항들을 쏟아내기 시작했다. 정상적으로 진행되는 프로젝트였다면 조율이 가능한 요구사항들이었을지 모르나, 새롭게 작업해야 하는 상황에서는 도저히 수용할 수 없는 요건들이었다.

기존 작업자들과의 마찰은 일주일 넘게 지속되었고 진전이 없었다. 작업할 수 있는 시간은 점점 줄어들고 더 이상 그들을 설득할 수 있는 시간적 여유가 없었다. 큰 결정을 해야 하는 시점이었다. 작업자를 전면 교체하는 일이다.

최악의 경우 남은 기간 내 아무런 결과물을 얻지 못할 수 있다. 처음부터 모든 것을 다시 설명하고, 그들의 작업 방식에 맞추어 구조를 새롭게 설계해야 하기 때문이다. 하지만 기존 작업자들과 계속 진행할 경우, 재작업에 대한 설득이 이루어진다고 해도 결과물의 개선은 보장할 수 없었다.

나는 최선의 결과물을 선택하기로 하고 작업자를 교체했다. 그리고 기간 내 이행할 수 있는 방법은 총동원하기로 했다. 당시 고객은 약속 날짜를 지키지 못한 것보다 결과물에 대한 불만족이 더 컸기 때문이다.

새로운 작업자를 구하는 데도 상당한 시간이 소요되었다. 매일매일 긴장감은 지속되었다. 고객은 일주일 단위로 다시 진행되는 상황을 공유해달라고 요청했지만, 나는 매일 현황을 공유하고 문제점도 가감 없이 다 공유했다.

디데이(D-day)에 맞추어 재설계된 작업 일정은 한 치의 오차도 없이 진행되어야 가능할 정도로 소화하기 어려운 일정이었다. 고객이 또 다른 수정 요구사항을 줄 경우 진행이 불가능하고, 작업자 중 누구 하나라도 뒤처지면 절대 지킬 수 없는 일정이었다.

하지만 포기할 수 있는 일은 아니었다. 정면으로 돌파하는 방법 외

다른 해결책은 없었다. 최악의 경우 별도의 비용 청구 없이 프로젝트 기간을 연장하며 고객이 원하는 수준의 결과물을 만들어내는 것도 생각하고 진행할 수밖에 없었다.

　프로젝트 단위로 수익성 관리를 해야 하는 입장에서 쉽게 선택할 수 있는 결정은 아니었지만, 최악의 경우에 대한 대비는 필요했다. 매일 매일 최악의 상황을 고려하며 이슈를 제거하고 제때 론칭할 수 있는 확률을 높여나갔다.

　당사 프로젝트 관리의 부족함으로 일어난 상황이어서 고객이 불만을 토로하는 상황으로 내내 끌려갔던 프로젝트였지만, 나는 고객사의 협업도 중요하다고 설득하고 고객사를 긴밀히 참여시켰다.

　고객사가 해주어야 할 일들도 관리하면서부터는 오히려 주도권을 가지고 진행할 수 있게 되었다. 또한, 고객사가 일방적으로 요구하기만 하는 관계가 아니라 함께 협의해서 일하는 방식으로 고객사와의 관계를 바꾸어나갔다. 결국, 프로젝트 투입 한 달 만에 나는 진행 상황을 정상궤도로 올려놓고 잔여일정을 추진할 수 있게 되었다.

　위기 상황에서 어떤 결정을 내리는 책임자가 된다는 것은 쉬운 일이 아니다. 나의 결정에 따라 수백 명, 때로는 수천 명이 고통을 감내해야 하는 상황이 되기 때문이다.

　모든 병사의 목숨을 지키며 승리하는 전쟁은 없다. 때로는 전시상황에 따라 병력을 교체하며 피해를 최소화하는 결정을 내려야 한다. 문제의 부분을 해결하느라 전체를 놓치는 실수는 없도록 해야 한다.

발생할 수 있는 모든 최악의 경우를 생각하고 대처방안을 마련해야 한다. 그리고 최선의 결과를 낼 수 있는 과감한 결단과 공격적인 행동력이 필요하다. 두려움으로 머뭇거리며 소극적으로 대응하면 실패를 최소화하는 것이 아니라 아무 결과도 얻을 수 없다. 어떤 상황에서도 목표를 조율하지 말자. 최선을 선택하고 실행하자.

04

누구나 이해할 수 있게
설명하라

커뮤니케이션의 중요성을 이야기할 때마다 거론되는 일화가 있다.

"아이가 매달리며 놀 수 있는 나무 그네 같은 걸 만들어주세요."

이와 같은 요구사항을 전달받으면 무엇을 떠올리는가. 각자가 다른 상상을 할 수 있다. 어떤 이는 널빤지로, 어떤 이는 쿠션감 있는 둥근 의자로, 어떤 이는 타이어로 만든 그네를 매달아야겠다고 생각한다. 처음 의뢰를 받은 사람이 설계자에게 지시하고, 설계자는 작업자에게 전달하면서 처음 고객의 요구사항과는 전혀 다른 결과물이 탄생한다.

무엇이 문제일까? 요구사항이 구체적이지 않아 의도가 명확히 전달되지 않았기 때문이다. 일하다 보면 서로 간의 이해도가 달라 문제가 생기는 경우가 많다. 분명히 설명하고 서로 간에 확인하고 동의도 한 사항이라고 생각했는데도 각자 다르게 해석하는 경우가 비일비재하다. 각자의 경험에 따라, 지식의 차이가 있기 때문이다.

컴퓨터로 작업을 할 때 컴퓨터가 이해할 수 있는 언어로 명령어를 입력해야 하듯, 사람들 간에도 대화가 이루어지려면 누구나 이해할 수 있는 언어를 사용해야 한다.

흔히 초등학생도 이해할 수 있는 언어로 문서를 작성하라는 이야기를 많이 한다. 농담으로 들릴 수 있겠지만 정말 중요한 기본 원칙이다. 학계 논문을 쓰는 것이 아니라, 직장에서 업무에 대한 임원보고, 대표보고를 하는 문서기 때문에 쉬운 표현을 사용하는 것이 바람직하다.

부서마다 세부 업무 내용을 모든 사람이 동일한 수준으로 이해하지는 못한다. 경영에 대해서도 기술부서가 이해할 수 있도록, 기술부서의 내용도 마케팅부서가 이해할 수 있도록 쉽게 작성된 보고서가 좋은 보고서다. 현란한 단어를 사용해서 지식을 자랑하는 보고서는 절대 환영받지 못한다.

물론 특정 부서와의 전문적인 논의가 필요한 경우라면 그 상대방과의 눈높이를 맞춘 선에서 작성하면 된다. 결국 내 이야기를 듣는 상대가 누구인가를 먼저 파악해서 맞추어 전달하는 것이 중요하다.

업무 보고를 할 때 흔히 하는 또 다른 실수가 있다. 다음과 같은 이야기를 들으면 어떤 생각이 드는가?

"제가 판단하기에 이번 신사업은 재검토가 필요합니다. 소비자들이 받아들이기에는 아직 시장이 성숙하지 않은 것 같습니다."

전혀 설득력이 없는 의견이다. 어떤 기준으로 판단한 것인지 기준점에 대한 언급이 없을 뿐 아니라, 소비자들의 수용도에 대한 어떤 근거도 없다. 소비자 수용도 조사를 진행했더니, 조사에 참여한 사람 중 몇 퍼센트는 긍정적이고 몇 퍼센트는 부정적인지에 대한 근거 데이터를 제시할 필요가 있다.

또 하나 쉽게 간과하는 것이 있다. 이 일을 추진하고 있는 배경을 누구나 알고 있다고 생각하고 본론부터 이야기하는 경우다. 이전에 보고한 내용을 모두가 기억하고 있지 않다. 지난달에 보고한 내용의 후속 보고라면, 지난달 보고내용을 요약해서 설명한 후에 이번 달의 후속 보고사항을 설명해야 이해도가 높아진다.

'지난달에 말씀드린 바와 같이'로 시작할 것이 아니라, '지난달에 보고드린 영업실적 부진 원인 3가지 중, 이번 달에 개선한 사항에 대해'와 같이 배경을 설명하는 것은 상대를 배려하는 보고다. 나는 내가 하는 일에 대해서만 보고를 준비하지만, 보고를 받는 사람은 여러 부서의 일들을 보고받기 때문에 모든 것들을 다 기억하지는 못한다는 점을 잊지 말자.

흔히 하는 또 다른 실수는 사실만의 나열이다.
"지난주 판매 실적이 전년 대비 10% 하락해서 이번 달 목표 매출은 미달할 것으로 예상됩니다."
이와 같은 보고를 받는다면 어떻겠는가? 목표에 미달할 것을 알고 있다면, 달성할 수 있는 전략도 같이 보고되길 바라지 않을까?

보고서 작성 시 간과하기 쉬운 또 다른 중요한 부분이 있다. 전달하고자 하는 내용이 한 마디로 무엇인지, 'So What?'에 대한 명확한 메시지다. 전달하고자 하는 메시지가 너무 많으면 핵심 내용이 무엇인지를 전달하기 어렵다. 말의 의도가 무엇인지 한 줄로 설명할 수 있어야 한다. 한 줄로 요약해서 설명할 수 없다면 역시 나조차 내가 하고자 하는 이야기가 무엇인지 정확히 모른다는 것이다.

문서의 파일명을 정하는 것도 같은 맥락에서 설명할 수 있다. 이메일 상에서 쉽게 찾을 수 있고, 나중에 필요 시 찾아볼 때도 한 번에 찾을 수 있게 하려면 보고서 내용을 설명할 수 있는 핵심 단어를 잘 뽑아내는 것이 필요하다.

흔히 PPT로 문서를 작성할 때 많은 실수를 저지른다. 문서에 빼곡히 글자들이 기록되어있고 한 장표에서 전달하고자 하는 메시지가 2개 이상인 경우가 많다. PPT 문서는 헤드라인 메시지는 한두 줄로 간단하게 기재하고 본문은 헤드라인 메시지를 뒷받침하는 도표나 그림을 간략히 덧붙이는 정도여야 한다.

아이폰의 혁신을 세상에 알린 스티브 잡스(Steve Jobs)는 제품도 프레젠테이션도 심플하게 설명한 것으로 유명하다. 아이폰은 버튼 하나로 그동안의 모바일 디바이스의 복잡함을 단번에 심플하게 바꾸었듯, 제품뿐 아니라 프레젠테이션에서도 잡스가 추구하는 철학은 그대로 나타난다.

잡스의 프레젠테이션에서는 화려한 디자인이나 구구절절한 설명이 없다. 잡스는 복잡함을 극도로 싫어하는 인물이었다. 단순하지만 강력한 메시지 하나로 전 세계를 설득했으니 그만큼 완벽한 커뮤니케이션이 있을까?

아이폰의 혁신 이후로, 디지털 제품이나 가전제품들의 마케팅 메시지들은 점점 기능의 강조보다는 편리함이나 디자인의 강조로 바뀌어가고 있다. 사양이 얼마나 좋은지 자체의 설명보다는 사용하는 사람의 입장에서 얼마나 편리한지, 원하는 디자인인지가 더 중요한 메시지로 강조되고 있다.

제조자의 입장에서 만들어진 광고카피는 사용자의 공감대를 이끌어낼 수 없다. 사용자의 입장에서 만들어져야 성공한다. 이는 광고의 기본 전략이다. 이러한 광고의 개념이 꼭 제품에만 한정되는 것은 아닐 것이다. 내 생각을 상대방에게 전달하는 것도 광고카피를 만드는 것과 같지 않을까?

직장에서 '보고'는 업무의 많은 부분을 차지한다. 보고는 설득과 협상을 위한 필수 수단이다. 내가 하고 싶은 이야기보다는 상대가 듣고 싶은 이야기를 전달하는 것이 중요하고, 내용은 논리적이고 간결해야 한다.

일을 잘하는 것은 기본이 되어야 하지만, 일만 잘한다고 해서 인정받기는 어렵다. 자신이 하는 일을 얼마나 논리적으로 전달하느냐에 따라 승진과 성공이 결정된다. 상대를 설득하는 커뮤니케이션 능력을 반드시 갖추어라.

05

먼저 찾아가서 제안하라

우리는 종종 완벽을 추구하다 너무 많은 시간이 소요되어 기회를 놓치거나, 남들의 의견을 수용하지 못하는 불상사를 겪는다. 모든 일에는 마감 기간이 있고, 그 마감 기간까지 완벽하게 준비해서 발표하는 것을 최선이라고 생각할 수 있다.

"신사업 기획안을 다음 달 말일까지 가져오세요"라는 업무지시를 받는다고 생각해보자.

A직원은 이 업무를 지시한 임원의 머릿속에 무언가 이미 생각해둔 방향이 있는 것 같다고 생각한다. 물론 좋은 기획안이라면 임원이 한 번도 생각하지 못했던 획기적인 것일 수도 있다. 하지만 어느 정도의 방향성은 일치해야 하지 않을까 하는 생각을 한다.

그래서 이 일을 지시한 이유와 배경을 알아보려고 임원을 찾아간다.

"지금 진행하는 사업들을 더 성장시키거나 효율화하는 방안이 아닌, 새로운 사업을 준비하려는 배경을 알 수 있을까요?"

임원은 바쁘고 약속 없이 찾아가는 직원을 불편해한다고 생각할
수 있지만, 실상은 그렇지 않다. 이러한 질문을 해주는 직원이 고맙고
기특하게 생각되는 경우가 더 많다.

"시장이 바뀌고 있습니다. 사업의 다각화를 통해 성장 사업군을
만들어놓아야 지금 사업의 불안정성을 해소할 수 있습니다. 새롭게
투자받아야 하는데, 지금의 사업만으로는 투자금 유치가 어렵습니
다. 투자자들을 설득할 수 있는 우리의 미래 성장 가치를 만들어야
하는 상황입니다."

A직원의 머릿속 의문이 하나 해결되었다. 그리고는 생각한다. 협
력업체들이 하고 있는 사업 영역 중 하나를 시작해볼지, 우리 서비스
를 완전히 대체하는 새로운 시대에 맞는 사업군을 발굴하는 것이 좋
을지, 성장 가치가 있는 산업군을 발굴해서. 회사의 현재 위치에서 어
느 방향으로의 성장이 좋을지 여러 가지 방향을 설정해본다.

그리고 이 4가지 방향을 가지고 다시 임원을 찾아간다. 이번에도
불편한 기색 없이 업무를 지시한 임원은 2가지는 전혀 현실적이지 않
은 의견이나, 나머지 2개는 발전시켜볼만한 것 같다고 의견을 준다.

두 번의 질문만에 방향이 좁혀졌다. 이번에는 의견을 준 임원을 제
외한 다른 임원들을 대상으로 정식 인터뷰를 진행한다. 그리고 임원
진들의 생각을 충분히 고려해서 신사업 기획안을 만들어나간다.

이러한 과정은 단순히 일을 진행하는 시간을 단축시키는 것 이상의 효과가 있다. 이러한 과정을 통해 자연스럽게 임원진들도 이 사업 기획안의 내용을 한 달 동안 함께 생각할 수 있는 시간을 갖게 되는 것이다.

사람은 누구나 새로운 내용을 접하면 낯설어한다. 그 낯섦에 익숙해질 시간을 주는 것이 필요하다. 찾아가서 질문하는 과정들이 임원들을 괴롭히는 것이라고 생각할 필요는 없다. 그런 과정을 통해 내 생각도 명확해지고 점점 더 좋은 아이디어들로 기획안을 채워나갈 수 있을만큼 성장한다.

반면 B직원은 자신이 아는 지식을 총동원해서 400장짜리 완벽한 사업전략 보고서를 만들었다. 국내외 모든 자료들을 수집하고 꼼꼼히 분석해서 여러 가지 옵션의 사업안을 기획한다. 예상 질문도 사전에 만들어서 답변도 충실히 준비한다. 빠트린 내용은 없는지도 여러 차례 점검한다. 그리고 기획안 마감날인 당일 프레젠테이션도 완벽하게 마친다.

결과는 어떠할까? 보고받은 임원진들은 다들 어리둥절한 표정이다. 처음 들어보는 내용인데다가 이 사업의 가능성을 그 자리에서 가늠하기기 어렵다. 시간을 갖고 더 생각해봐야겠다는 결론들만 나왔다. 한 달 뒤 후속 보고를 다시 준비하라는 지시가 떨어진다. 이제부터 다시 준비하면 A직원보다 한 달이나 뒤처지는 셈이다.

물론 B직원과 같이 일을 진행하더라도 단번에 인정받고 빠르게 일을 진척시켜나갈 수도 있다. 하지만 일반적으로는 오랜 시간이 걸린다. 헛다리를 짚지 않으면서도 빠르게 공감대를 형성해나가려면 먼저 찾아가서 제안 과정에 동참시키는 것이 좋다.

내 생각이 완벽하고 그 완벽한 생각을 설득하는 과정만 고집해서는 일을 진행하기 어렵다. 가끔 혼자만 보물 숨기듯 디데이가 올 때까지 오픈하지 않고 준비하는 사람들이 있다.

준비가 덜 되어서가 아니라면 미완성 상태에서도 사람들에게 의견을 들어볼 필요가 있다. 내 생각이 틀렸을 수도 있고 내가 놓치고 있는 부분을 다른 사람들이 보완해줄 수도 있기 때문이다.

또, 사업 제안을 요청한 사람도 이야기를 나누다보면 생각이 발전되어 방향성을 명확히 잡게 되고, 내가 제안하고자 하는 내용에 대한 확신을 서서히 들게 된다. 그 사이 나의 제안을 발표하기 이전에 유관 부서 사람들과 해당 내용이 어떨지 의견을 나누는 시간도 가진다. 나의 제안에 이런 점이 보완되면 더 좋겠다는 의견을 거꾸로 전달주기도 한다.

그러면 프레젠테이션하는 당일은 모두가 어느 정도 방향성에 대해 인지를 한 상태에서 핵심 메시지 하나만으로 설득시킬 수 있다.

혼자 머리 싸매고 앉아 생각한다고 해서 제안이 완벽해지지도 않고, 원하는 방향으로 흘러가지도 않는다. 요청자를 간접적으로 참여시켜서 내용을 완성해가면 훨씬 빠르게 완성할 수 있다.

내가 기업의 오너가 아니고 나 혼자서만 일하는 회사가 아니라면 다른 사람들의 생각을 반영하며 발전시켜나갈 필요가 있다. 상대가 원하는 것이 무엇인지 명확히 파악하려면, 몇 번이고 되묻고 지겹도록 찾아가고. 승인받고, 다른 사람의 제안은 어떤지 확인하고 견제하고, 그 제안이 승인된 이후의 후속 전략까지 생각해서 방향을 잡아야 한다.

그리고 모든 제안에는 그 이후의 과제들도 함께 넣어서 중장기 플랜하에 이번 계획이 얼마나 중요하고, 앞으로 진행할 과제 중 시작일 뿐임을 알림으로써 이후의 프로젝트도 계속해서 나와 함께 할 것을 자연스럽게 어필할 수 있다.

이러한 업무지시를 내린 임원들은 모두 이 일에 대한 기대를 품고 있기 때문에 시간을 기꺼이 낼 수 있다. 자주 찾아가서 질문을 하는 것도, 인터뷰를 진행하는 것도, 필요하면 전 임원을 모아놓고 워크숍을 진행하는 것도 가능하다. 그들 스스로 답을 몰라서가 아니라 누군가 정리를 해주고 확신을 주기를 원해서 업무지시를 내리는 경우도 많다.

질문 리스트를 만들고, 질문을 통해 핵심 성공요인들을 찾아나가는 코디네이터(Coordinator) 또는 퍼실리테이터(Facilitator) 역할을 하며 일을 정리해나가다 보면 훌륭한 시사점을 도출해낼 수 있다.

고정관념에서 벗어나 새로운 관점으로 문제를 바라보게 함으로써 그들의 생각을 환기시켜주는 과정들도 필요하다. 그들의 생각을 새로운 관점으로 바라보고 변화시켜나가는 제안이 자신의 생각, 판단

기준을 발전시켜나가는 것보다 접근하기 쉬운 방법이다.

생각해보라. 이 일을 나보다 훨씬 오래한 사람들의 생각을 내가 이길 수 있겠는가? 내가 이 조직에 속한 일원이기 때문에 나 또한 모든 것을 이미 다 알고 있는 상태에서 일을 해야한다고 생각하면 찾아가서 질문하는 과정이 불편할 수 있다.

내가 외부에 있고 일을 의뢰받은 컨설턴트라고 생각하고 일을 바라보자. 질문이 당연하고, 인터뷰도 워크숍도 모두 당연한 일이 된다. 일을 성공적으로 해낼 수 있다면 일에 연관된 모든 이들을 동참시켜서 함께 만들어나갈 수 있도록 찾아가라. 만나서 듣고 생각을 발전시켜라. 반드시 제안은 성공할 것이다.

06

진행 상황을
수시로 공유하라

흔히 조직에서 사람을 평가할 때 4가지로 분류하는 방법이 있다.

• 머리 좋고 게으른 사람

• 머리 좋고 부지런한 사람

• 머리 나쁘고 게으른 사람

• 머리 나쁘고 부지런한 사람

이 4가지 중 가장 위험한 유형은 무엇일까? 바로 '머리 나쁘고 부지런한 사람'이다. 머리 좀 나쁘면 어떠냐고 부지런하게 일하는 태도는 훌륭하지 않은가 하고 생각하는 사람도 있을 것이다.

하지만 이 유형이 위험한 이유는 무엇일까? 바로 문제를 빠르게 확산시킨다는 것이다. 일을 하다보면 문제는 늘 발생하기 마련이다. 그러나 그 문제가 일파만파 퍼지기 전에 얼마나 빠르게 수습하는가에 따라 결과는 완전히 달라질 수 있다.

주변에서 보면 완벽주의 성격을 가진 경우 문제가 발생해도 본인이 완벽히 해결하기 전까지 공유하지 않으려 하는 것을 볼 수 있다. 물론 운 좋게도 일이 커지기 전에 또는 그 일이 마무리되어야 하는 시점이 도래하기 전에 일이 잘 해결된다면 다행이다. 하지만 그런 경우는 극히 드물다.

상당한 시간이 지난 후, 스스로 해결이 어려워 문제가 있음을 공유하면 이미 너무 늦는다. 일은 잘 진행되는가 문제가 없는가를 물을 때 "네, 아무 문제 없습니다"라고 말하는 사람들이 있다. 이런 대답은 문제가 많은 대답이다. "현재까지는 큰 문제는 없으나, 해결되지 못하는 이슈가 몇 가지 있습니다"라고 사실대로 공유하고 해결책을 같이 고민하는 편이 훨씬 고맙고 안심이 된다.

나의 업무가 어떻게 진행되고 있는지를 진행률로 관리하고 공유하거나, 대시보드와 같은 현황판을 만들어서 공유하는 등 상대를 안심시키는 장치를 만드는 것은 중요하다.

집을 지을 때도 눈으로 건물이 올라가는 것을 보아야 안심하듯, 눈에 보이지 않는 일들도 가시화해서 확인할 수 있는 장치들을 마련하는 것이 필요하다.

구매고객 증대를 위한 서비스 기능개선 업무를 맡았다고 하자. 고객 확보를 위해 필요한 서비스 기능을 협의하고, 구축하고, 해당 기능을 구현해서 고객들에게 혜택을 제공하는 등 순서대로 추진해야 하는 업무들이 있고, 각각은 시작일과 완료일이 존재할 것이다.

그러면 나는 이 업무의 세부 태스크(Task)를 나열하고 각각의 추진 일정, 추진 현황을 기록해서 관련자들이 언제나 궁금할 때 확인할 수 있도록 대시보드로 만들 수 있다. 어떤 태스크를 마쳤고, 진행 중이고, 검수 중인지, 각 태스크의 담당자는 누구인지 등 별도의 보고 과정은 없어도 된다.

그리고 각 태스크별로 관련된 사람들이 중간중간 본인이 진행해야 하는 연관된 업무들에 대해 협의할 타이밍을 바로 알 수 있고 도움을 줄 수도 있다. 이 일이 잘 되는가를 모니터링하는 사람 입장에서는 진척상황은 문제가 없는데 도움줄 일은 없는지, 해결할 이슈는 없는지 정도만 체크하면 된다. 대시보드 하나로 모두를 안심시키고 일을 일정에 맞게 추진할 수 있다.

온라인 쇼핑몰에서 고객의 구매 여정 단계별 전환율(Conversion Rate) 개선 업무현황을 공유해야 한다고 하자. 오늘 진행한 프로모션은 무엇이고, 얼마나 쿠폰이 발급되고 사용되었으며, 이전과 비교해서 효과적인지를 궁금해할 것이다.

각 페이지별 방문자 수, 쿠폰 다운로드 수, 쿠폰 사용자 수, 쿠폰 사용률, 쿠폰 사용 매출, 잔여기간의 예상 매출까지 정리된 프로모션 전체의 목표 달성률을 대시보드로 만들어 공유하면 된다. 대시보드 구현을 할 수 있는 환경이 되지 않는다고 하면, 번거로울 수는 있겠지만 매일 해당 내용을 엑셀로 정리해서 메일로 공유해도 된다.

내가 무엇을 하고 있는지 나의 'To Do'를 공유하는 것이 아니라, 일의 진척도가 메인이고, 그걸 위해 내가 하고 있는 일에 대한 설명을 덧붙이면 된다.

영업사원이 영업활동과 영업성과에 대해 공유를 해야 한다고 한다면, 그날의 고객 미팅 일정과 안건, 만나는 사람, 미팅 결과, 향후 영업 성공 가능성 등도 하나의 장표로 정리할 수 있다. 그리고 이번 안건의 영업은 성과가 좋지 않더라도 다른 안건으로의 영업 가능성도 표기해 공유할 수 있다.

그냥 나가서 시간만 보내고 별 성과 없이 돌아오는 영업사원처럼 보이지 않고, 나의 활동을 다 공유하고 미래의 영업 가능성까지도 공유할 수 있는 좋은 자료가 된다.

이러한 업무 진행 상황 공유는 하나의 지도를 만드는 것이라고 생각하면 된다. 지도를 한 칸, 한 칸 채워가며 목표에 얼마나 가까워지고 있는지를 공유하는 것이다. 일이라는 것은 과정이 분명히 있다. 데드라인에 갑자기 완성되는 것이 아니기 때문에 당연히 중간과정에 대해 모두가 궁금해할 것이다.

제대로 된 길을 가고 있는지, 다른 길로 들어선 것은 아닌지 지도에 표기된 상태를 함께 체크하는 것은 일을 성공적으로 마치는 데 중요한 과정이 된다.

매일 아침 출근하자마자 전일의 현황을 공유하는 것으로 하루를 시작하는 것이 좋다. 바로바로 이슈가 되는 부분을 해결하는 미팅을 잡으며 지원받을 수 있다. 누가 물어보면 찾아보고 대답하거나, 문제가 생기면 그때에서야 현황파악을 한다거나 하는 일이 발생해서는 안 된다.

일 잘하는 사람과 못하는 사람의 차이는 커뮤니케이션이 얼마나 활발한가의 차이가 크다.

업무에 대해 자주 이야기하고 물어보는 후배는 귀찮은 것이 아니라 기특하다. 오히려 무엇이든 다 알고 있다는 듯 아무것도 묻지 않고 혼자 일을 처리하는 후배는 내가 크게 도와줄 것이 없다고 생각되기도 하고 관심이 크게 가지 않는다. 그리고 이렇게 소통의 문이 닫힌 사람은 이후에도 소통의 기회를 찾기 어렵다.

또 나의 현황을 공유하면서 자연스럽게 상사의 현황도 알게 되는 장점도 있다. 내가 도움을 줄 수 있는 부분이 있으면 바로 챙길 수 있고, 사소한 잘못쯤은 용서를 구하고 바로잡는 기회도 얻을 수 있다.

정보는 아끼지 않고 공유해야 더 큰 효과를 가져온다. 정보는 여러 사람을 거치는 동안 살이 붙는다. 가끔 자료를 꽁꽁 숨겨두는 사람들이 있다. 바보 같은 짓이다. 모든 것을 오픈하고. 자신에게 불리한 수치들이더라도 오픈하고 빠르게 바로잡으려고 자기반성도 할 수 있다.

데일리 보고는 프로세스화하고. 자동화하는 것이 제일 중요하다. 같은 내용의 반복 보고를 항상 수동으로 집계해서 작업하지 않도록 기본적인 장치는 마련해두는 것이 좋다.

실제 e커머스에서는 실시간으로 모니터링하는 것은 기본이고, 매출 목표관리는 시간 단위로 한다. 동 시간대 매출이 어제보다 20%가 떨어졌으면 왜 그런 것인지 바로 원인을 찾아내서 해결해야 하기 때문이다.

요즘은 업무 현황 공유를 손쉽게 할 수 있는 툴이 많다. 회사 자체적으로 운영하는 툴 도입을 제안해도 좋다. 업무효율 개선을 위한 일이니까 이 또한 좋은 제안이 될 것이다.

07

목표를
구체적으로 수립하라

우리는 수없이 많은 목표를 세우며 살아간다. 원하는 대학에 합격하는 목표, 원하는 직장에 취직하는 목표, 자격증이나 어학성적 취득 등 해마다 목표를 세우고 다짐을 한다.

하지만 매번 목표 달성에 실패한다. 그리고 또다시 같은 목표를 세우고 실패하기를 반복한다. 같은 행동을 하면서 다른 결과를 바라는 것은 정신병자라고 했던가.

목표를 달성하기 위한 방법을 바꿔야만 실패에서 벗어날 수 있다. 목표에 실패했던 경우를 잘 떠올려보자. 원하는 결과만 떠올리고 벽에 붙여놓지는 않았나? '좋은 대학에 합격하겠다' 또는 '올해는 꼭 체중을 감량하겠다'라는 막연한 목표들이 아니었나?

왜 아무것도 달성하지 못했는지 방법론적인 변화를 고민하지 않고, 자신의 의지만을 탓하며 자책하지는 않았는가?

목표에 다다르는 길은 멀고 험하다. 길고 긴 마라톤을 하는 것과 같다. 마라톤도 42km를 그냥 달리는 것이 아니라 코스를 분석해서 구간마다 목표 도달 시간과 체력안배 계획을 세워야 무리 없이 결승선을 통과할 수 있다.

히말라야 등반과 같은 목표는 어떨까? 구간마다 목표와 날씨까지 고려한 치밀한 계획이 필요하다. 어떤 날씨인가에 따라 다른 전략을 달리해야 하므로 더 많은 경우의 수를 고려해서 치밀하게 계획을 세워야 한다.

마라톤 완주와 히말라야 등반을 그냥 '완주'와 '정상 탈환'이라는 목표 하나만 가지고 시작한다면 실패 확률은 100%일 것이다.

아무리 간단한 목표라 할지라도 내가 제대로 가고 있는가를 중간중간 확인하면서 나아가야 끝까지 완주할 수 있다. 결과를 추적할 수 있도록 해주는 목표설정 프레임워크(Framework)가 필요하다.

이런 목표 설정 프레임워크로 많이 사용되는 것이 OKR(Objective and Key Results)이다. OKR은 인텔에서 시작되어 구글을 거쳐 실리콘밸리 전체로 확대된 성과관리 기법이다.

목표한 일을 달성하기 위해서는 성공이 무엇을 의미하는지에 대한 명확한 정의와 적절한 기간 설정, 세밀한 계획 수립, 또 꾸준하고 성실하게 나의 성장을 확인해나가는 루틴의 구축이 단기간의 성과보다도 훨씬 더 중요하다.

목표는 높고 구체적일수록 좋다. 목표는 자신의 현재 수준보다 높게 잡아야 한다. 그리고 현재 자신과 목표한 모습의 차이가 바로 스스로 노력해야 할 부분이다. 일단 목표가 정해지면 끊임없이 자신에게 그것을 달성할 수 있다고 각인시켜야 한다.

OKR은 3개월 주기로 목표관리하는 것을 권장한다. 3개월마다 목표달성 여부를 체크하면서 수정해나갈 수 있다. 얼마나 유연하게, 본질을 드러낼 수 있는 방식으로 실천하는가가 중요하다고 할 수 있겠다.

OKR 프레임워크를 활용하면 빠르게 결과를 보고 이를 다시 학습해 진화해나가면서 주기적으로 목표를 더 높게 설정하고 발전하는 효과를 얻을 수 있다.

예를 들어 새로운 서비스를 런칭하고 사용자를 확보하는 목표가 세워야 한다고 가정하자.

- 1번째 목표 : 4개월 뒤 서비스 론칭
  - 핵심 결과 : 1주차 서비스 전략 수립
                2~4주차 서비스 기획안 작성
                5~8주차 디자인
                9~12주차 개발

- 2번째 목표 : 3개월 안에 사용자 30만 명 확보
  - 핵심 결과 : 앱 다운로드 광고를 통해 사용자 10만 명 확보
                사용자 만족도 80점 이상

언론홍보/입소문을 통해 사용자 20만 명 확보

- 3번째 목표 : 재방문 고객 수 확대 및 충성도 확보
  - 핵심 결과 : 3개월 내 재방문하는 고객 비중 30%
  1년 내 3회 이상 재방문 고객 비중 10%

만약 '서비스 구축 후 1년 만에 100만 명 가입자 확보'라는 목표만 있었다면 어땠을까? 목표를 위한 실행계획 수립을 어떻게 시작해야 할지 암담했을 것이다. 하지만 목표를 기간 단위로 쪼개어 설정하면 당장 오늘, 이번 주에 해야 할 일들이 명확해진다.

이렇게 구체적인 목표가 생기면 실행계획도 하루 단위로 세분화해서 수립하는 게 가능해진다. 보통 서비스 기획이나 개발에 많이 사용하는 WBS(Work Breakdown Structure)를 사용해서 실행계획을 수립할 수 있다. 말 그대로 작업 분할을 하는 구조도다. 각 업무의 진행기간, 담당자, 처리완료 유무, 산출물 등을 기록하고 관리하는 방식이다.

현실적으로 가능한 업무량인지를 감안해서 자원 및 일정을 할당할 수 있다. 그리고 유관부서와 공유하며 정확하게 의사소통하는 것이 가능해서 많이 사용된다.

사용자 확보의 핵심 결과는 목표수치를 설정할 수 있지만, 서비스 구축에 대한 목표는 정량화해서 기준을 잡기 어렵다. 그러나 정량화하기 어려운 항목은 없다. 수치가 아니면 기간으로라도 핵심 결과의 기준점은 잡으면 된다. 창출해야 하는 결과를 정량화하거나 데드라

인을 만드는 것은 매우 중요하다.

관리 업무는 수치화할 수 없다고 생각할 수 있다. 반복적으로 진행하는 업무를 어떻게 정량화해서 목표를 설정할 수 있을까? 업무 누락률 0%나 단순 반복업무의 자동화 프로세스 수립 등으로 관리성 업무 또한 정량화할 수 있는 목표를 수립하는 것이 좋다.

목표를 정량화하는 목적은 분명하다. 내가 추진한 일을 객관적으로 입증할 수 있는 기준을 제시하기 위해서다. 얼마나 잘 수행했는가를 주관적인 기준으로 평가한다면 나 스스로 세부 실행계획을 세우기 어렵고, 아무리 열심히 노력했다고 해도 다른 사람에게 인정받기 어렵다.

또한, 정량화해서 목표를 수립하다 보면 이전과 동일한 목표가 아닌 자신의 현재 수준보다 높은 목표를 수립하게 된다. 현재와 동일한 수준으로 유지하는 것을 목표라고 보기는 어렵다. 현재 수준에서 한 단계 나아간 목표를 수립하고, 그 목표를 달성하기 위한 계획을 세우도록 해야 한다.

목표는 단기간 달성 가능한 목표일수록 좋다. 달성한 목표들이 쌓이고 쌓여 결승점에 다다르게 된다. 처음부터 결승점의 목표만 생각하고 달리면 쉽게 지친다. 쉽게 좌절하고 목표를 낮게 조정하려는 마음이 생긴다. 스스로 자신감을 갖고 성취감을 느낄 수 있도록 하기 위해서라도 짧은 기간 단위로 목표를 조금씩 높여나가는 것이 효과적이다.

"Challengeable but Achievable."

도전적이나 달성이 가능한 목표. 눈에는 보이나 손이 닿을 듯 말 듯한 목표를 세우는 것이 이상적인 목표다. 물론 사람마다 목표의 수준은 다르게 적용될 것이다. 구체적으로 달성하고자 하는 것이 무엇인지, 측정 가능한지, 현실적으로 달성 가능한 것인지를 생각하고 자신에게 적합한 목표를 설정하자.

그리고 나의 목표를 이해관계자들에게 공유해서 스스로 채찍질하며 실행할 수 있도록 하자. 남들을 빠르게 앞서갈 수 있는 좋은 방법이 될 것이다.

08

검증 가능한 가설을
만들고 증명하라

일반적으로 회사에서 어떤 일을 기획할 때 많이 하는 실수가 있다. 구체적인 내용과 예상되는 결과에 대한 논리가 명확하지 않은 경우다. 기획자의 의지만 있고, 'How To'와 'So What'이 없는 기획안을 만들면 상사의 승인받기도 어렵고 진행하게 되더라도 결과에 대해 인정받기도 어렵다.

"최근 구매가 없는 고객 대상으로 구매 혜택을 제공하면 휴면 고객이 활성화되고 매출이 상승할 것입니다."

이런 보고가 무사히 통과될 수 있을까? 그래서 몇 명의 고객을 활성화한다는 것인지, 얼마의 매출을 올리겠다는 것인지 구체적인 방법에 대한 언급이 전혀 없다. 당신이 상사라면 이 보고를 신뢰할 수 있을까? 계획을 수립할 때는 반드시 계획과 예상 결과의 기준점을 구체적으로 제시해야 한다.

먼저 정의해야 하는 항목은 아래와 같다.

- 최근 구매가 없는 고객 : 1년 이내(목표 고객 수에 따라 기간 설정)
- 구매 혜택 : 구매 금액의 5%에 해당하는 혜택(예상 지출 비용에 따라 설정)
- 혜택 제공 방법 : 10만 원 이상 구매 조건의 할인 쿠폰(평균 구매 단가에 따라 설정)
- 프로모션 진행 기간 : 30일

구체화하긴 했지만, 그래서 몇 명이 반응하고 얼마의 매출을 일으킬 것인지는 파악하기 어렵다. 앞서 정의한 '최근 구매가 없는 고객'이 몇 명인지를 알면 예상 매출을 파악할 수 있다.

- 타깃 고객군 수 : 10만 명
- 타깃 고객군의 기존 평균 구매단가: 10만 원
- 예상 반응 고객률 : 10%

타깃 고객군의 실데이터를 기준으로 예상 반응률을 산정하면 예상 매출과 예상 지출 비용이 나온다. 기본적인 내용은 설계된 셈이다. 그럼 이 방법이 효과가 있는지를 어떻게 증명할 수 있을까? 구매 혜택을 제공하지 않아도 해당 기간에 방문해서 구매하려는 고객도 있지 않을까?

내 계획이 얼마나 효과가 있었는가를 증명하기 위해서 A/B TEST 를 활용하면 좋다.

A/B TEST 설계방법은 간단하다. 대상이 되는 고객군을 두 집단으로 랜덤하게(Random) 나누어 A그룹은 실험내용을 적용하고, B그룹은 적용하지 않는 것이다.

앞서 제시한 타깃 고객군 10만 명을 A, B그룹으로 나누어 실험한다고 해보자. 이때 A와 B의 나누는 비율은 5:5 또는 8:2 등으로 설정할 수 있다. 실험군의 최소 인원수가 유의미한 수인지를 유념하는 것이 좋다.

반드시 랜덤하게 나눠야 하며, A와 B를 나눌 때 남자와 여자 등 또다른 기준이 적용되어서는 안 된다. 다른 기준이 적용되어 집단이 구분되면 동일한 조건이 아니므로 결과를 신뢰할 수 없다.

집단을 나누고 나면 A그룹은 쿠폰을 제공하고, B그룹은 제공하지 않는다. 프로모션을 진행하는 30일 동안 A그룹의 구매자 수, B그룹의 구매자 수를 비교해서 예상 반응 고객률을 비교해보면 된다.

A/B TEST는 진행 결과에 대해 A실험이 정말 유의미했는지를 알기 위해 확률값 P값(P-value)를 통해 평가한다. P값은 통계적 유의성을 검정하기 위해 많이 사용된다. P값을 판단하기 위해 기준이 되는 기준 확률값을 정해 두 값을 비교하는데 이 기준 확률값을 유의수준이라고 한다. 유의수준은 1%, 5%, 또는 10% 등으로 설정한다. 유의수준보다 작은 P값이 도출된다면 실험결과는 유의하다고 결론을 내리

는 방법이다.

즉, 쿠폰을 제공하지 않았어도 재방문해서 활성화되는 고객이 많지는 않았을지를 검증하기 위한 평가 기준이라고 보면 된다.

A/B TEST는 다양한 영역에 적용할 수 있다. 추천 알고리즘이나 웹/모바일 서비스 디자인 변경에 따른 반응 비교 등 마케팅이나 제품/서비스 기획에 많이 사용된다.

넷플릭스를 보면 내가 이전에 본 콘텐츠를 기반으로 새로운 영화나 드라마를 추천해준다. 이럴 때 추천 로직을 검증하기 위해 A/B TEST가 사용된다. 추천한 콘텐츠를 선택하는 비율, 즉 CTR(Click-through Rate)이 얼마나 더 높았는지를 검증하며 추천 로직을 정교화해가며 서비스를 개선해나간다.

웹사이트의 메인 페이지를 어떤 컬러로 만들 것인가에 따라서 고객 반응이 어떻게 달라지는지에 대한 간단한 테스트도 가능하다. 초록색의 배너와 파란색의 배너를 실험해서 효과적인 배너 컬러를 선택하는 실험을 하기도 한다.

이와 같이 가설을 만들고 검증하는 일들은 데이터를 기반으로 진행된다. 온라인으로 진행되는 서비스들이 데이터를 확보하고 분석하는 것이 유리한 것은 사실이지만, 꼭 온라인으로 진행되는 서비스가 아니더라도 얼마든지 데이터화해서 진행할 수 있다. 모든 일들은 데이터화해서 효과를 검증해야 신뢰할 수 있다는 점을 명심하자.

회사에서 일을 하다 보면 내가 기획하고 진행한 일들이 얼마나 효과적이었는지를 검증해야하는 상황이 끊임없이 발생한다. 내가 성공시킨 일에 대해 "그 프로젝트를 진행하지 않았어도 매출은 올랐을 거야" 또는 "환경 변화로 고객 반응이 좋았던 것 아닌가?" 등 이런 이야기를 듣지 않으려면 끊임없이 증명해야 한다.

단순히 내가 하는 일을 증명해내기 위해 이러한 과정들이 필요한 것이 아니다. 가설 설정과 검증의 과정은 여러 가지 면에서도 좋은 효과를 가져온다.

우선 나의 사고력 향상된다. 좋은 가설을 세우기 위해 많은 자료를 찾아보고 현재 상황을 보다 깊게 분석하게 된다. 또한 예상되는 결과에 대한 여러 가지 가능성을 검토하면서 사고가 깊어진다. 그리고 가설을 토대로 실험할 내용을 구체적으로 설계할 수 있게 된다. 인과관계가 명확하게 설명할 수 있는 계획인지 다른 변수들은 없는지를 꼼꼼하게 확인하게 된다. 같은 일을 하더라도 보다 논리적으로 접근하게 되면서 스스로 발전하게 된다.

내 기획안이 설득력이 생기고 빠른 의사결정을 받을 수 있다. 보고받는 사람에 따라 주관적인 판단으로 진행 여부가 결정되는 것이 아니라, 어떤 사람이 보고받더라도 의사결정이 빠르게 진행된다.

흔히 상사와 코드가 맞아야 일하기 수월하다는 이야기를 많이 한다. 그래서 상사에 따라 본인의 실력을 인정받기도, 그렇지 못하기도 하는 일이 발생한다.

그러나 어떤 상사를 만나더라도 나의 능력을 인정받고 내가 하고자 하는 일을 설득하려면, 코드를 맞출 것이 아니라 논리적이고 객관적인 평가 기준이 담긴 보고를 하도록 실력을 키워야 한다.

업무가 아니더라도 나의 주변을 둘러싼 모든 일에 대해 가설을 세우고 검증하는 습관을 들이도록 하자. '왜 그럴까?', '이렇게 바꾸면 어떤 결과가 나올까?' 하는 생각을 끊임없이 하면서 호기심이 가득한 사람이 되어보자. 나의 호기심을 가설을 통해 증명하다 보면 업무를 추진하는 데도 많은 도움이 될 것이다.

4장

5장

당신도
가장 높은 곳에서
시작할 수 있다

01

작지만 강력한 무기가 되어라

무기를 가진 사람은 전장(戰場)에서 유리하다. 상대는 무기가 없는데 나에게 칼이 있다고 생각해보자. 들짐승이 달려들지 않는 한, 목숨을 유지하는 데 어려움이 없을 것이다.

같은 무기를 가진 사람이 나타나면 그때부터는 그 무기를 얼마나 잘 다루느냐에 따라 승패가 갈린다. 그러나 더 좋은 무기를 가진 사람이 나타나면 내가 아무리 무기를 잘 다룬다고 해도 이길 확률은 낮다.

결국 얼마나 효율적인 무기를 가지고 있는가, 그리고 그 무기에 나는 얼마나 숙련되어있는가에 따라 승리는 결정된다. 어떤 무기와 부딪히더라도 이길 수 있는 기술이 있다면 모를까 그렇지 않고는 칼보다 총, 총보다는 대포, 대포보다 폭탄, 이렇게 무기의 강도로 승자를 가린다.

확실히 전장에서 총은 칼보다 강한 무기다. 심지어 총은 크기도 작아 휴대하기 좋아서 기동력도 좋다. 그렇다면 총보다 우월한 무기는 무엇일까? 정말 폭발력이 좋은 대포나 폭탄일까?

기존 사고의 틀에서 벗어나보자. 눈에 보이지 않아 작다고 정의할 수는 없겠지만 전장에서 총보다도 강력한 것은 정보력이다. 정보는 보이지 않지만 적이 어떻게 포진되어있는가, 어떤 무기를 가지고 있는가를 파악할 수 있다면 언제 어떻게 공격할 것인가 전략을 세우는 중요한 기준이 되기에 그 어떤 무기보다도 강력하다. '무기'라는 단어에 갇혀있다면 이렇게 사고할 수 없을 것이다.

그렇다면 현실에서, 직장생활하는 데 나만의 무기는 무엇이 될 수 있을까 생각해보자.

돌이켜보면 나는 오랫동안 내가 가진 모든 것들을 아낌없이 쏟아내며 일을 해왔다. 그래서 쉽게 번아웃(Burnout)되어버리기도 하고, 다 쏟아내고 나면 빈껍데기만 남는 것처럼 초라함을 느끼며 퇴근하는 일상을 보내기도 했다.

할 줄 아는 게 많으면 좋은 걸까? 안타깝게도 그렇다고만 말할 수는 없다. 아이러니하지만, 일을 잘하고 빨리하는 사람은 더 많은 일을 하게 된다. 그렇다고 그만큼의 보상이 주어지는 것도 아니고. 불공평한 업무 분담만 반복될 뿐이었다.

믿고 맡길 사람이 없으면 믿을 수 있는 사람에게 일을 줄 수밖에 없는 것이 사람의 마음인지라 이해는 할 수 있다. 하지만 전문성을 개발하고 싶은데, 일에 치여 그럴 시간적 여유가 주어지지 않고 끊임없이 소모되기만 했다. 그리고 그 시간에 다른 사람은 자기계발에 시간을 투자하는 것을 보면 화가 날 때도 있었다.

　나를 채우는 시간도 있어야 쏟아내는 것이 가능할 텐데 많은 이들이 인풋(Input)없는 삶에 아웃풋(Output)만 강요당하는 삶을 살아가고 있는 것 같다. 아마 대부분의 직장인이 나의 마음에 공감할 것이다. 내가 하는 일이 소모적인 일이 아니었으면 하는 마음.

　가진 능력을 모두 다 쏟아내 버리는 게 아니라 핵심 가치만 활용하는 일은 없을까? 하루종일 칼을 휘두르는 사람이 아닌 작전을 세워서 한 번의 폭격만으로 이길 수 있는 그런 전문성은 어떤 것일까?

　업무환경에서도 우리는 전장 같은 상황에 놓인다. 이전에는 앞에 나서서 군사들을 통솔하는 힘을 가진 대장과 같은 사람이 조직에서 중요한 사람이었다. 하지만 이제는 권력으로 인한 통솔보다는 조용히 자기 자리에서 전체를 해결할 수 있는 기술을 가지고 있는 사람이 더 능력 있는 사람이 되고 있다.

　업무가 디지털화되고 비대면으로 처리하는 일이 많아지면서 자연스럽게 통솔자의 능력이 바뀌어 간다. 프로그래밍 소스 하나로 여러 사람의 자료를 하나로 취합할 수도 있고, 업무지시도 메신저로 처리하는 문화가 자연스러워지고 있다. 업무환경의 변화로 업무를 이끌어가는 데는 통솔력보다는 공감능력, 협상력 등이 더 필요한 시대가 되고 있는 것이다.

　무기가 될 수 있는 기술은 다양하다. 달라지는 환경 속에서 개인이 드러나고 인정받으려면 모든 일을 두루두루 잘하는 것보다는 몇 가지의 특출난 능력이 있는 것이 좋다. 그 특출난 능력은 업무 전문성이 될 수도 있고, 커뮤니케이션 능력이 될 수도 있겠다.

전문성을 무기로 하고자 하면 한가지 전문성보다는 이제는 두세 가지 역할을 동시에 수행할 수 있는 전문가로 성장하는 것이 필요하다. 더 이상 한가지만 잘하는 것이 전문성이라고 말할 수 없다. 여러 개를 잘하는 것이 제너럴리스트(Generalist)가 아니라 스페셜리스트(Specialist)라고 불리는 시대가 되고 있다.

마케팅과 데이터의 전문성을 가진 '데이터 마케팅', 디자인과 경영의 전문성을 가진 '디자인 경영', 패션과 기술의 전문성을 가진 '패션테크' 이렇게 융합된 형태의 전문성을 확보한 인재가 필요하다.

커뮤니케이션을 나만의 무기로 만들고자 한다면 정보력, 협상력, 판단력, 포용력, 인맥, 또는 말하기나 글쓰기 등의 전달능력을 키우는 것도 좋다. 비슷한 수준의 업무역량을 가지고 있다고 하더라도 협상력이나 전달능력이 뛰어나면 탁월한 성과를 이끌어낼 수 있다.

우리는 종종 100을 가지고 있어도 50밖에 어필하지 못한다. 만약 50을 갖고 있지만, 그 50을 다 어필하고 상대의 마음을 사로잡을 수 있다면 어떨까? 내가 가지고 있는 능력도 중요하지만, 때로는 상대에게 얼마만큼을 전달할 수 있는가가 더 중요하다. 나만 아는 나의 능력이 무슨 의미가 있겠는가? 사람들에게 전달되는 만큼이 곧 내 능력이다.

가끔 태도적인 면에서 자신의 장점을 찾으려는 사람이 있다. 그러나 태도적인 장점은 나를 설명할 수 있는 부수적인 것이지 나의 핵심 가치로 표현하기엔 적합하지 않다. 긍정적 신념, 지구력, 열정, 체력이 아무리 뛰어난 사람이라도 업무적으로 만나는 사람에게 '나는 긍정적인 사람입니다'라는 소개가 어떤 영향을 줄 수 있겠는가?

사람들에게 나를 각인시키기 위해서는 나만의 무기가 필요하고, 그 무기는 브랜딩이 된다. 강력한 브랜드는 죽어서도 이름을 남긴다. 남들과 다른 가치를 찾아내서 나의 것으로 만들자. 나는 세상에 단 하나뿐인 사람이다. 나의 가치를 희소성 있는 것으로 만들어야 한다.

세상의 모든 가치는 사람들이 얼마만큼 원하는지, 그리고 얼마만큼 희소한 것인지에 따라 정해진다. 타인에게 제공할 수 있는 나의 능력이 높은 가치를 지녀야 강력한 무기가 된다. 즉, 나의 능력이 다른 사람이 가지지 못한 것일수록 그 가치가 높아진다.

희소가치를 높이려면 어떻게 해야 할까? 남들이 가지 않은 길을 선택하고, 남들보다 몇 배의 노력으로 꾸준히 올라가야 한다. 힘든 길은 다들 가지 않으려 한다. 그러니 그 길을 걸으면 남들이 갖지 못한 가치를 얻을 수 있다.

완벽하지 않아도 된다. 처음부터 완벽한 것은 없다. 진심으로 원하고 노력하면 점점 완벽에 가까워질 것이다. 우리는 1등이 될 수 없으면 포기하려는 성향이 있다. 그러나 세상의 모든 일이 이기거나 지거나 둘 중 하나로 결론이 나는 것은 아니다.

1등이나 2등이 아니어도 남들이 쉽게 선택할 수 없는 길이라면 그 길을 가고 있다는 것만으로도 충분히 가치 있는 사람이 될 수 있다.

나만의 강력한 무기를 만들어서 사람들에게 각인될 수 있는 사람이
되자.

02

나만의 프레임을 만들어라

사람은 누구나 자신만의 생각 '프레임(Frame)'을 가지고 있다. 심리학에서는 프레임을 '세상을 보는 창'이라고 설명하고 있으며, 언어학자 조지 레이코프(George Lakoff)는 프레임을 '특정한 언어와 연결되어 연상되는 사고의 체계'로 우리가 듣고 말하고 생각할 때 우리 머릿속에는 늘 프레임이 작동한다고 말했다.

나만의 프레임을 갖는다는 것은 생각을 올바르게 확장하기 위해 매우 중요한 일이다. 내가 추구하는 가치와 일치하는 역량을 키우고 성장하는 데 도움을 준다.

세상이 네모라고 믿는 사람은 네모 안에 모든 정보를 담아두며, 세상은 동그랗다고 믿는 사람에게는 동그라미 안에 모든 정보를 담아두려 할 것이다. 또한, 세상을 보는 창의 크기에 따라서도 목표의 크기가 달라지기도 한다. 그것이 창의 모양과 크기를 의미하는 프레임이 되는 것이다.

컵에 물이 절반이 담겨있으면, "절반밖에 남지 않았다"라고 이야기하는 사람과 "절반이나 남았다"라고 이야기하는 사람이 있듯, 우리는 같은 물건을 보고도 자신의 지식에 기반해서 다른 생각을 하기도 한다. 예를 들어, 아세톤이라는 단어를 들으면 어떤 사람은 매니큐어를 지우는 용액이라고 생각하고, 어떤 사람은 독성물질이라고 생각한다. '아는 만큼 보인다'라는 말처럼 눈에 보이는 것도 떠올리는 것도 각자 다른 것이다.

인간은 자신만의 주관을 가지고 사고를 하는 습관이 있다. 각자 경험해온 삶이 어떤가에 따라 생각의 기준이 달라지는 것이다. 즉, 우리의 뇌는 믿는대로 정보를 받아들인다. 동일한 정보를 접하더라도 사람마다 다르게 받아들이는 것은 사고의 프레임이 달라서다.

어떤 가치를 가지고 있는가, 무엇을 중요하게 생각하는가에 따라 생각의 프레임은 모두 다르게 만들어진다. 긍정적인 프레임을 가지고 있는가 그렇지 않은가에 따라 행동이 달라지는 것처럼 우리의 사고는 행동에 영향을 미친다.

또한, 프레임을 가지고 생각하면 일관성 있는 판단할 수 있고, 감정에 의한 판단 오류를 제거할 수 있다. 다른 사람의 의견을 수용하는 섯은 중요하지만, 내 판단의 기준이 흔들려서는 안 된다. 프레임이 없는 사람은 스스로 의사결정을 하기 어렵고 남의 의견에 의존하게 된다.

우리가 어떤 고민이 있을 때 전문가를 찾아가는 것은 내 문제를 듣고 자신만의 식견에 의해 해결책을 제시해주기를 바라기 때문이다. 전문가가 되고자 한다면 나만의 사고의 프레임은 반드시 필요하다.

그렇다면 우리는 어떤 프레임을 가져야 할까?

우리는 자신의 목적에 맞는 삶을 살 때 긍정적이고 에너지 넘치는 사람이 된다. 반면 자신이 원치 않은 삶을 살아야 할 때는 의욕 상실에 우울감도 느낀다. 또한, 자신의 프레임 안에 들어오지 않는 사실에 대해서는 거부하기도 한다. 한마디로 프레임에 갇히게 되는 것이다.

올바른 사고를 하기 위해 나만의 기준점을 정하고 프레임을 만드는 것도 중요하지만, 그 프레임에 갇혀서 잘못된 판단을 하는 우를 범해서는 안 된다.

나만의 프레임을 만들기 위해 무엇을 해야 할까?

세상을 올바르게 바라보기 사고하기 위해서는 비판적인 사고와 통찰력, 다방면의 지식습득이 우선되어야 한다. 세상의 변화를 꾸준히 접하지 않으면 편협한 사고를 할 수 있다.

아이러니하지만, 프레임을 만들어야 하고 또 그 프레임에 갇히지 않아야 한다.

우리는 직장에서 종종 이런 사람들을 만난다. "과거에 해봤지만 실패했다. 이미 다 해봤다" 또는 "그 일은 절대 성공할 수 없다"라는 말이다. 자신의 경험 또는 자신만의 판단에 따른 발언을 하는 사람들이 있다.

정확히 어떤 방법으로 해본 것인지 자세한 방법론을 설명한다거나, 왜 실패했는지에 대한 원인분석 또는 아쉬운 점에 대한 이야기는 없다. 그저 '실패한 경험'이라는 사고의 틀에 갇혀서 새로운 생각이나 새로운 시도를 받아들이려 하지 않는 것이다.

과거와는 조금 다르게 시도해볼 생각은 왜 하지 않는 것일까? 하늘 아래 완전히 새로운 것이란 없다. 모든 것들은 그 시초가 있다. 어느 날 갑자기 휴대폰이 하늘에서 떨어졌을까? 수없이 많은 실험과 도전을 통해 탄생한 것이 아닐까?

20년도 넘은 이야기지만 휴대폰이 나오기 전에 '시티폰'이라는 것이 있었다. 지금의 휴대폰과 유사한 외형이지만 전화를 걸 수만 있고 받을 수는 없는 반쪽짜리 전화기였다.

결과는 대실패였다. 그 실패를 통해 이동형 전화기는 수요가 없다고 결론을 내렸다면 그 사람은 큰 발견을 하고도 중요한 사업 발굴의 기회를 잃은 셈이다. 왜 실패한 것인지 초점을 잘못 맞춘 것이다. 즉, 잘못된 프레임에 갇혀버린 셈이다.

우리는 끝도 없이 쏟아지는 정보의 홍수 속에 살고 있다. 많은 정보를 다 수용하기에는 우리는 너무 바쁘고 뇌용량에도 한계가 있다. 하지만 필요한 정보를 취사 선택해서 흡수함으로써 사고의 깊이와 넓이를 발전시켜 나갈 수 있다. '무엇을' 알아야 하고 배워야 하는지를 아는 사람과 그렇지 않은 사람은 시간이 흐름에 따라 성장의 폭도

달라진다.

생각의 프레임을 바꾸면 '새로운 발견'을 할 수 있다. 서비스 품질 조사를 위해 1만여 명의 고객에게 설문조사를 했다고 가정해보자. 5점 만점에 4.8점이 나왔고, 좋은 점들에 대해 다양한 의견들이 쏟아졌을 때 나라면 설문조사 결과를 어떻게 보고할까?

'우리 회사의 다른 서비스들의 품질 만족도는 4.0 이하이니 상대적으로 품질이 우수하다' 라고 생각하거나, '경쟁사의 서비스 만족도 4.5 보다 0.3이나 높다'라고 생각할 수도 있다.

하지만 누군가는 '지난달 보다 만족도가 0.1 떨어졌다'라고 생각할 수도 있고, '왜 5.0 만점이 아니지? 왜 불만족한 고객이 있는거지?'라는 생각으로 불만족 사유를 분석해서 개선안에 집중할 수도 있다. 같은 조사결과인데 비교 대상도 각자 다르고, 긍정과 부정에 대한 평가도 각자 다를 수 있다. 판단의 기준이 다르면 전략 방향도 달라진다.

생각의 크기가 큰 사람이 크게 성공할 수 있다. 우리는 세상을 있는 그대로 보고 판단한다고 생각하지만 그렇지 않다. 객관적인 사실 보다는 주관적인 판단에 의해 세상을 바라본다.

그 생각의 차이가 프레임의 차이고, 얼마나 지혜롭게 나의 프레임을 만드느냐가 그 사람이 어떤 사람인지를 말해준다.

각자의 중심된 생각, 자기의 프레임에 따라 달라지는 세계를 볼 수 있다. 전문가들은 각자의 프레임을 통해 분석적 지식을 가지고 있다.

하지만 각자의 틀에 얽매여 다른 것을 보지 못하는 사람도 많다.

　사회문제를 풀어내는 책이 많은 이유, 자신의 주장을 펴고 있는 책이 많은 이유도 각자의 가진 분석적 논리가 그만큼 다양하기 때문이다. 하지만 다양한 자기 틀에 맞춘 분석적 논리가 옳고 세상에 이로운 분석인지는 사람마다 의견이 엇갈릴 것이다. 나만의 프레임을 만들어야 하는 것은 자명한 일이지만, 또 그 프레임에 갇히지 않아야만 진정으로 성장할 수 있다.

03

최고의 경쟁력은
브랜딩이다

우리는 끊임없이 '나는 누구인가?'라는 질문을 한다. 나 스스로를 객관적으로 바라보기가 어려운 탓인지, 내가 어떤 사람인지 모르겠다고 생각하는 사람이 많다. '나'라는 브랜드를 정의한다는 것이 쉽지 않다.

하지만 "저 사람은 어떤 사람이야?"라는 질문을 받는다면 어떤가? 잠시 생각은 하겠지만 대답하는 것이 크게 어렵지 않을 것이다. 이상하게도 우리는 남에 대해 정의를 내리는 일은 상대적으로 어렵지 않다

그렇다면 내가 어떤 사람인지 다른 사람들에게 물어보면 어떨까? 내가 생각하는 나라는 사람과 남이 생각하는 나라는 사람이 어떻게 다른지를 알 수 있지 않을까? 타인의 시선을 통해 내가 생각하는 나의 모습과 비교해서 어떤 점이 다르게 보이는지 파악함으로써 자신을 냉철히 돌아보고 부족한 부분을 보완할 수 있게 될 것이다.

그런데도 여전히 내가 어떤 사람인지를 사람들에게 설명하는 일이

란 쉽지 않다. 나에 대해 사람들에게 잘 설명하고 싶다면, 나를 알리는 단 하나의 문장을 한번 만들어보자. 나는 어떤 특별한 점이 있을까를 생각해보고 그 특별함을 한 문장으로 정의를 내려보자. 물론 그 문장 안에는 직업적인 특성이 표현되는 것이 좋다.

브랜드는 마케팅 패러다임의 중심에 있다. 쏟아지는 수많은 제품 가운데 나의 제품이 고객에게 선택되도록 하려면 나의 제품 또는 서비스에 정체성을 부여하고 경쟁제품들과의 차별화를 할 수 있는 상징적인 무언가가 필요하다. 그 상징적인 것이 고객과의 연결고리가 되고 관계를 이어나가는 '브랜딩'이다.

브랜드는 눈에 보이지 않는 무형의 자산이다. 눈에 보이지 않는데도 많은 기업이 브랜딩을 위해 꾸준히 비용을 투자한다. 일종의 자산 가치 관리를 위한 비용이라고 생각하면 된다. 긍정적인 이미지로 잘 구축된 브랜드는 한번 고객과 관계를 맺으면 오래도록 사랑받는다. 관계의 지속성에 영향을 주는 것이 바로 브랜딩인 것이다.

브랜드는 '하나의 단어, 또는 하나의 문장'으로 표현될 수 있어야 한다. 그 짧은 문장 안에 자신의 정체성이 오롯이 표현되어야 한다. 단어 하나만으로도 "아 그 사람!", "아 그 제품!" 하고 떠올릴 수 있어야 성공한 브랜딩이다.

짧지만 강력한 난어, 문장을 만들기 위해서 나의 특징은 무엇이고 어떤 장점을 강조할 것인지, 그리고 상대방에게 어떤 것을 제공해줄 수 있는지가 모두 담겨야 한다. 그 브랜딩 메시지를 나의 명함에 담거나, 회사명 또는 활동명으로 만들면 된다.

사람들에게 나를 생각하면 떠오르는 단어가 무엇인지를 한번 물어보자. 일과 연관되는 명사도 있을 수 있고, 태도나 성격과 연관되는 형용사들도 있을 것이다. 그 단어들을 놓고 보면 남들에게 나는 어떤 사람인가를 알 수 있을 것이다.

'추진력 있는, 도전적인, 당당한, 유연한, 포용력 있는'
'커머스 전문가, 데이터 전문가, 프로젝트 매니저'

내가 가고자 하는 방향과 남들이 바라보는 나에 대한 단어들을 놓고 나의 메시지를 만들어보는 것도 좋다. 자신을 표현하는 메시지가 없다면 주목받지 못한다. 나의 가치를 인정받기 어렵다. 회사에서 고과평가를 할 때도 "아! 그 친구!" 하고 떠올려지는 단어가 있다면 실제 1년 동안 만들어온 성과보다 더 좋은 평가를 얻을 수 있다. 브랜딩을 통해 기본적인 신뢰를 구축해놓은 셈이다.

퍼스널 브랜딩(Personal Branding)은 차별화된 나의 가치를 만드는 일이다. 나를 브랜딩하면 협상을 하거나 면접할 때도 도움이 된다. 내가 어떤 사람인지 한마디로 표현하는 것은 강력한 힘을 발휘하게 된다.

내가 해온 일들을 주저리주저리 나열하는 것보다 "저는 e커머스 분야에서 서비스 전략 기획자로 20년간 일해온 누구누구입니다"라고 먼저 말하고 나서 하나둘씩 그동안 해온 일을 소개하면 머릿속에 잘 정리되어 기억될 것이다. 하지만, 요약된 메시지 없이 "저는 2005년에는 A회사에서 기획자로 일했고, 2010년부터는 B회사에서 프로젝트 매니저로 일했습니다"라는 식으로 표현하면 "그래서 뭘 하는 사람이지?"라는 의문만 가진 채 지원자를 어느 카테고리에 넣어야 할지 명확하게 정리하지 못할 것이다.

결국 퍼스널 브랜딩이란 개인의 커리어를 바탕으로 하나의 브랜드를 만드는 일이다. 나라는 사람이 가진 능력, 나라는 사람이 제공할 수 있는 것이 무엇인지를 표현하는 것이다.

'저는 어떤 사람입니다'라고 소개하는 메시지 안에 내가 하고 싶어 하는 내용만 담아서도 안 된다. 내가 상대에게 줄 수 있는 것이 무엇인지를 메시지에 함께 담아야 상대가 호감을 가지고 나를 기억할 수 있다.

나는 특별하다. 사람들은 누구나 특별하다. 내가 얼마나 특별한 사람인지를 아는 것에서부터 브랜딩은 시작된다. DNA 검사로 전 세계 모든 사람을 구분해내듯, 우리 모두는 각기 다른 특성을 가지고 있다. 나도 모르는 나만의 특성이 있는 것은 아닌지 생각해보자.

우리는 모두 정말 특별하지만, 그렇다고 잘 팔리는 브랜드가 되기 위해 내가 아닌 남의 시선에서만 나의 특성을 보는 것도 바람직하지 않다. 아무리 남들에게 인정받고 성공한다고 해도 그것이 '내가 원하는 것'이 아니라면 성공한 브랜딩이라고 할 수 없다.

내가 원하는 일을 기반으로 스스로 객관화하는 것이 좋다. 브랜드는 개인 고유의 자산이다. 땅이나 건물처럼 시세를 정할 수도 없다. 가치를 환산할 수 없는 소중한 자산이다.

우리는 태어나면서 부모님이 정해준 이름을 갖는다. 내가 선택한 이름은 아니지만 부모님께 이름을 부여받는다. 그 이름이 첫 번째 브랜드라면, 우리 스스로 살아가면서 자신의 의지에 의해 만드는 브랜드는 반드시 있어야 한다. 무색, 무취, 무미의 사람이 되어서는 안 된다.

그리고 되고자 하는 나의 모습이 있다면 그 목표를 위해 나를 발전시켜나가는 것도 브랜딩이다. 말이 씨가 된다고 하지 않나? 말 한마디, 명함 한 장이 나를 만든다. 내가 원하는 모습으로 나를 표현하다 보면 내가 그 사람이 될 수 있다. 나의 미래를 조금 미리 알린다고 생각하고 내가 원하는 그 사람이 되어보자. 브랜딩은 브랜드의 존재 이유를 찾아가는 여정이라고 하지 않던가.

브랜드는 영향력을 가지는 만큼 책임도 뒤따른다. 전문가의 말이라면 신뢰도가 올라가는 만큼 말 한마디 한마디에 신중을 기해야 한다. 무심코 던진 말이 사람들에게 잘못 전달되어 혼란을 야기할 수 있다. 나의 말에 힘을 가지되, 긍정적인 영향력을 줄 수 있는 사람이 되어야 할 것이다.

그리고 나의 브랜드가 지속할 수 있도록 끊임없이 노력해야 할 것이다. 강한 자가 살아남는 것이 아니라 살아남는 자가 강한 것이다. 브랜딩을 어떻게 하느냐에 따라 내 가치의 수명이 결정된다. 10년 후, 20년 후에도 유효할 나의 미래가치를 발굴하고 그 가치를 브랜딩한다면 성공의 자리에 오를 것이다.

04

성공한 사람처럼
말하고 행동하라

직장생활을 하면서 많은 상사를 만나고 함께 일해왔다. 모든 상사가 다 각자의 장단점이 있었고, 그분들의 좋은 점을 곁에서 보고 배우며 성장했다.

대기업에서 나름 어린 나이에 직책자가 되었고, 어리다고 무시당하지 않으려고 강한 척하거나 함부로 대하기 어려운 사람처럼 행동해보기도 했다. 일을 대하는 태도나 사람들을 관리하는 노하우 뿐만 아니라 말투나 외양에 대한 고민도 했었다.

어느 날 식사 자리에서 임원 한 분이 나에게 롤모델(Role Model)이 있느냐고 질문을 했다. 생각해보니 롤모델로 특정인을 떠올려본 적이 한 번도 없었다. 머리를 한 대 맞은 느낌이었다.

나의 역할 모델, 즉 롤모델이 누구인지 생각해본 적이 있는가? '인간적인 관심과 배려, 투명한 커뮤니케이션, 공정한 평가, 탁월한 추진력, 위엄있는 말투' 등 내 나름대로는 내가 추구하는 이상적인 리더의 모습을 구체적으로 고민했다고 생각했다. 하지만 돌이켜보면 명확한 기준이 없었다.

그래서였을까? 막연한 기준만큼 나의 성공 지표도 계획도 막연했다. 그리고 내가 생각하는 성공이라는 단어가 내 삶에 어울리지 않는 것 같았다.

지금의 나의 롤모델은 밀라논나 장명숙 씨다. 치열한 삶, 자신감, 품격있는 화법과 후배들을 대하는 따뜻한 마음은 나뿐만 아니라 많은 여성들이 그녀를 롤모델로 삼는 이유일 것이다.

그녀는 쉼 없이 공부하고 남들 돕는 삶을 실천하면서도 마음의 평온을 지키는 법을 잘 알고 있다. 단호하게 자신의 한계를 인정하고, 내가 할 수 있는 일과 할 수 없는 일의 경계를 정하고 받아들임으로써 마음의 평온을 찾는다는 말도 인상적이었다.

야망과 한계의 인정 사이에 얼마나 많은 갈등이 있었을까. 한계를 인정하고 내려놓았다는 말조차 성공한 자의 여유같아 보이는 것은 그녀가 가진 말과 태도의 힘이라는 생각이 든다. 그리고 그런 그녀를 보며 '나도 저런 사람이 되고 싶다'라는 생각이 자연스럽게 들었다.

롤모델을 생각한 뒤로 나는 자연스럽게 롤모델의 모닝루틴, 나이트루틴도 따라해보게 되었다. 아침저녁으로 뉴스를 보며 스트레칭하기, 아침과 저녁식사 모두 서서 간단하게 하기, 집에서도 산뜻한 홈웨어 입기 등 생활습관도 따라해본다. 그녀의 영상들을 찾아보며 나 자신이 명품이 되어야 한다는 마인드도 잊지 않으려고 노력하게 되었다. 그리고 롤모델의 생활 습관을 따라하고, 마인드도 닮으려고 하면서 나는 자연스럽게 부지런하게 생활하게 되었고, 점점 자신감도 갖게 되었다.

정말 롤모델을 따라 하면 그들처럼 살게 될 확률이 높아지는 것일까?

우리가 생각하는 성공한 사람들은 어떤지 생각해보자. 그들은 항상 자신의 업적을 당당히 말하고 널리 알린다. 또한, 자신있는 말투와 품위있는 매너, 단정한 용모를 유지한다. 정말 일부의 성공한 사람은 군중 앞에 나서는 것을 싫어하는 경우가 있지만, 일반적으로는 남들 앞에 나서서 자신감 있는 모습을 보인다.

나는 남들에게 어떻게 보일까? 혹시 남 앞에 나서야 하는 프레젠테이션은 다른 사람이 할수록 좋고, 나는 뒤에서 조용히 보상만 받으면 된다는 생각을 하고 있지는 않은가?

남들 뒤에 숨어있는 사람은 아무리 뛰어난 능력이 있어도 사람들 눈에 드러날 수 없다. 숨어있으면서 인정받기를 바라는 것은 욕심인지도 모른다. 말하지 않아도 알아주길 바란다는 건 어불성설이다.

한국만의 문화적 특성 때문인지 나는 일하면서 겸손함을 유지하고 자신을 낮추는 것이 습관이 되어왔다. 그러나 다른 나라의 사람들과 이야기하다 보면 겸손함이 무능함으로 잘못 해석되는 경우가 있다. 그런 의도가 아닌데 마치 나의 능력을 인정받지 못하는 느낌이 들어 기분이 좋지 않았다. 그런 경험 이후로 나는 겸손해하거나 나를 숨기려 하지 않고 '있는 그대로의 나'를 잘 드러나게 표현하는 것이 필요하다는 것을 뼈저리게 느끼게 되었다.

우린 대부분 나 자신이 얼마나 대단한 사람임을 남들에게 알리는 데 익숙하지 않은 것 같다. 물론 과장하거나 거짓말로 나를 포장하는 것은 옳지 않다. 하지만 당당하고 야무지게 나를 이야기할 수 있어야 한다.

친구를 만날 때도, 직장에서 사람들과 일할 때도 당당함을 잃지 않고 나를 표현해야 할 필요가 있다. '저 친구는 정말 당차고 야무진 것 같아', '저 친구는 정말 성공한 것 같아'라는 말을 들으면 어떨까? 그 말에 맞게 계속 행동하기 위해 나도 모르게 노력하게 되지 않을까? 마치 칭찬을 들으면 계속 칭찬을 듣기 위해 노력하게 되는 것처럼 말이다.

그러니 겸손할 것이 아니라 내가 대단한 사람임을 알려야 한다. 물론 가진 게 없으면서 많이 가진 척 비싼 옷을 입거나 비싼 자동차를 타고 허세를 부리라는 의미는 분명 아니다. 있는 그대로의 나를 당당하게 표현하기 시작하는 것만으로도 충분하다.

그리고 남이 있을 때만이 아니라 나 혼자 있을 때조차 성공한 사람처럼 행동해보도록 하자. 항상 변함없이 나 스스로 확신에 찬 행동을 꾸준히 하는 것이 중요하다. 상황에 따라 다르게 행동하는 것은 '연기'에 불과할 뿐이다.

회사에 가지 않는 날도 깔끔하게 옷을 입고 정시에 일어나고, 회사

책상 대신 집에서 전문 지식을 쌓고 자기관리를 철저히 하는 것이다. 집 앞에 잠깐 외출한다고 허름하게 입고 나가는 일도 없도록 하자. 집에서도 하루종일 누워서 늘어져 있지 않도록 하고, 긴장감을 갖고 생활하다 보면 나도 모르게 성공한 사람의 습관, 성공한 사람의 마인드가 자리 잡게 될 것이다.

여성이라면 누구나 한 번쯤 이런 경험이 있을 것이다. 자존감이 낮아지는 것 같을 때, 높은 구두를 신고 예쁜 귀걸이를 하면 자신감이 살아나는 기분. 나를 가꾸고 꾸미는 것이 나의 자존감을 되찾아주는 것처럼 태도도 마찬가지인 셈이다. 성공한 사람의 마인드는 마치 높은 구두처럼 나를 진정한 성공의 길로 이끌어줄 것이다.

제임스-랑게 이론의 심리학자 윌리엄 제임스(William James)는 다음과 같은 말을 했다. "우리는 울어서 슬프고, 때려서 화가 나고, 떨어서 무서운 것이지 슬퍼서 울고, 화나서 때리고, 무서워서 떠는 것이 아니다."

'할 수 있다'라는 생각은 내 자신에 대한 확고한 믿음에서 시작된다. 정말 성공한 사람의 마인드로 무게감 있게 말하고, 품위를 잃지 않고 사람들을 이끌어나가야 한다. 그렇게 행동하면 자연스럽게 남들이 나를 따르게 된다.

말의 힘이라는 것은 무섭다. 몸이 안 좋다가도 스스로 '괜찮아'라고 말하면 우리 몸은 괜찮다고 신호를 보낸다. 그리고 억지웃음이라도 웃으면 기분이 좋아진다. 그러니 '나는 성공한 사람이다'라고 말하

자. 한 번 입 밖으로 말하고 나면 정말 성공한 사람처럼 행동하게 된다.

습관의 힘도 무섭다. 성공한 사람의 습관을 따라 하는 것만으로도 내 인생은 많은 것이 바뀔 수 있다. 이루고자 하는 꿈이 있다면 이미 그것을 이룬 사람을 나의 롤모델로 삼고 그들처럼 살아보자. 스스로가 부족하다는 생각은 버리고, 충분히 성공할 자격이 있는 사람이라는 생각으로 과감히 행동하자.

05

자신에게 투자를
아끼지 마라

우리는 부동산 투자를 위해서는 은행에서 대출받는 것을 당연하게 생각한다. 그러나 자기계발을 위해 대출을 받겠다는 생각은 쉽게 하지 않는다. 부동산보다 내가 투자할 가치가 없는 것일까?

부동산 투자의 기본 원리는 저평가된 대지 또는 건물을 구입하고 가치가 오르면 팔아서 차액만큼의 수익을 올리는 것이다. 그 공식을 나 자신에게 대입해보면 어떨까?

나는 사실 1조 원만큼의 가치가 있는데 지금 저평가되어 있으니 투자한다고 생각해보는 것이다. 나는 지금 흙 속에 파묻힌 진주고, 제대로 그 가치를 인정받기 위해 꺼내어 다듬어보는 것이다.

그렇다고 자기계발에 큰돈을 부남해야 한다고 생각할 필요는 없다. 단기간에 가치를 올리는 것이 아니라 꾸준히 오래 가치를 올리는 계획을 세워야 한다. 정말 부동산과 같다. 꾸준히 관심을 가지고 기다려야 하는 일이다.

가치가 오르기도 하고 잠시 내려가기도 하고, 또 뜻밖의 호재가 있어서 시기를 잘 타면 가치가 급상승하기도 하는 것이다. 그러나 투자하지 않는다면 아무리 좋은 기회가 오더라도 그 기회를 잡을 수 없다. 지극히 당연한 말인데 막상 자기계발에 비용을 투자하는 사람은 많지 않다.

자기계발에 대한 투자는 어떻게 계획을 세워야 할까? 우선 자기계발의 범위에 대한 정의가 필요하다. 자기계발의 목적이 무엇인가에 따라 범위는 달라질 수 있다. 일반적으로 직장인의 자기계발을 기준으로 생각해보자.

자기계발은 자신에게 유익한 모든 것을 포함한다. 나를 성장시킬 수 있는 모든 것이 자기계발의 범위다. 인터뷰 복장부터 출근 복장까지 프로페셔널하게 나를 보여줄 수 있는 옷을 구입하는 것도 투자고, 나를 표현할 수 있는 영상 프로필을 만들어야 한다면 영상촬영과 편집 스킬을 배우는 것도 투자에 포함될 것이다.

내가 어떤 사람인지를 보여주고, 내가 원하는 일을 할 수 있는 자격을 갖추기 위한 일에는 아낌없이 투자하는 것이 필요하다. 지금 당장 경제적인 여유가 없어서 자기계발 대신 아르바이트를 하며 꿈을 좇는다는 것은 장기적으로는 바람직한 계획은 아니다.

물론 무리한 투자를 하라는 것은 아니다. 한 달 수입의 일정 부분, 비용의 범위를 한정해놓고 그 범위 안에서 중요한 것부터 하나씩 투자를 하는 것이 좋다. 한 달에 얼마만큼의 투자를 할지 비용 범위를 결정하고, 투자 기간에 대해 계획을 세우면 그 기간 동안은 투자 비용에 대해 아깝다는 생각을 하지 않고 즐겁게 생활할 수 있을 것이다. 투자 기간은 너무 길면 쉽게 지치니 짧은 단위로 계획을 세우고 실천해나가는 것이 좋다.

성공하는 사람들은 자기계발을 어떻게 할까? 성공한 사람들은 자신의 견문을 넓히고 역량을 기르는 데 많은 투자를 한다. 기술적인 역량이 필요한 분야의 직업을 가지고 있다면 최신 기술을 익히기 위해 학위취득을 하거나 온라인 강의를 듣는 등 시간과 비용의 투자를 아끼지 않는다.

지금 당장 필요한 기술이 아닐지라도 반년만 지나도 나만의 경쟁력이 될 수 있는 것이라면 남들보다 하루라도 먼저 익히고 업무에 적용해서 나의 영역을 확장해나갈 수 있다. 마케팅을 담당하는 사람이라면 하루가 다르게 발전해가는 디지털 마케팅 기술과 빅데이터 관련 분석 능력을 키워야 경쟁력을 가질 수 있다. 제품 디자인을 담당하는 사람이라면 전 세계의 다양한 제품을 체험하기 위해 해외 현지를 직접 탐방하거나 각종 전시회에 가보는 것이 좋을 것이다.

당장의 일이 너무 바쁘다고 퇴근 후의 삶을 휴식으로만 채워서는 안 된다. 반드시 하루 중 일정 시간은 자기계발을 하자. 하루 단 10분씩 나를 위해 투자하는 것이 어려운가? 하루는 10분이지만 한 달이면 300분, 일 년이면 3,650분이다. 단지 10분의 차이가 아니다. 시간이 지날수록 차이는 커진다.

《타이탄의 도구들》이라는 책에 이런 말이 나온다. "어떤 일을 는 데 10분의 시간도 내지 못하는 사람은 결국 그 일을 하는데 10시간을 써도 하지 못하게 된다."

우리는 퇴근 후 텔레비전을 보거나 넷플릭스를 보는 데 30분을 소비하는 것에 대해서는 크게 시간을 투자한다고 생각하지 않는다. 그런데 운동하거나 책을 보는데 10분 투자하는 것은 시간이 없거나 바빠서 어렵다고 한다.

휴대폰 보는 시간만 줄여도, 늦잠 자는 시간만 줄여도 하루 10분은 충분히 만들어낼 수 있는 시간이다. 하루 10분이라도 나를 위한 일에 투자하자. 결국 큰 자산이 되어 돌아온다. 하루를 아무리 바쁘게 살아도 자기계발을 한 게 없다면 나는 늘 제자리일 것이다.

성공한 사람들은 견문을 넓히는 것뿐 아니라 건강에 대한 투자도 아끼지 않는다. 건강한 식단 관리도 하고, 루틴하게 운동하는 데도 아낌없이 투자한다.

건강을 지키지 못하면 원하는 일을 꾸준히 해낼 수가 없다. 그리고 아무리 훌륭한 업적을 달성하더라도 그 기쁨을 오래 누릴 수 없다. 무리한 욕심으로 단기간에 원하는 것을 얻으려다 건강을 해치는 사람들을 많이 봐왔다.

운동해야 한다고 해서 꼭 스포츠센터에 등록할 필요는 없다. 집에서 간단한 홈트레이닝으로도 얼마든지 건강관리는 할 수 있다. 자기계발이 꼭 돈으로만 할 수 있는 것은 아니다. 꾸준히 의지를 갖고 하는 것이 더 중요하다. 그렇다고 하기 싫은 것을 억지로 할 필요는 없다. 남들이 한다고 나도 한다는 생각보다는 좋은 습관 중 나에게 잘 맞는 것을 선택해서 하면 된다.

'습관이 사람을 만든다'라는 말이 있다. 사소하지만 좋은 습관들이 성공한 사람과 그렇지 못한 사람과의 차이인 것이다. 성공한 사람들의 루틴을 따라 하는 것만으로도 우리는 성공에 한 발짝 가까워질 것이다. 딱 3개월만 성공하는 사람들의 습관을 만드는데 투자해보자. 단기간에 엄청난 효과를 얻겠다는 생각은 버리고 익숙해지는 과정부터 이겨내자.

축구선수 손흥민의 아버지 손웅정의 '대나무 교육 철학'에 대해 들어본 적이 있는가. 그는 '대나무가 싹을 틔우기 위해서는 5년 동안 뿌리를 내려야 한다. 뿌리를 뻗는 데 오랜 시간이 걸리지만, 지상에 올라온 대나무는 하루에 70cm씩 빠르게 성장한다'라며 기본기를 다지는 데 아무리 오랜 시간이 걸리더라도 그 시간을 이겨내는 것이 필요하다고 말한다. 보통의 축구교실은 좋은 학교에 보내기 위한 단기간의 성과만 바라보고 교육하기때문에 당장의 성과가 좋지 않으면 쉽게 좌절한다는 것이다.

그래서일까? 손흥민은 실적에 연연하지 않고 경쟁에 집착하기보다 진정으로 축구를 사랑하고 즐겼다. 그 결과 어린 나이에 세계 무대에 진출하고 최고의 선수로 자리를 잡았다.

대나무처럼 기본기를 다지고 좋은 습관을 만들면 깊게 뿌리를 내려 어떤 환경에도 흔들리지 않는 사람이 될 수 있다. 당장의 성과만 생각하기보다는 좋은 습관을 몸에 익히고 기본기를 다지는데 돈과 시간의 투자를 아끼지 말자. 우리가 좇아야 할 목표는 최종 지점만이 아니라 그 지점에 이르기 위한 나 자신을 단단히 만드는 것부터임을 명심하자.

06

브랜딩도 관리가 필요하다

나의 가치를 표현하는 브랜드는 만드는 것도 어렵지만 지키고 키워나가는 것은 더욱 어렵다. 집을 아무리 예쁘고 인테리어로 새 단장을 해도 관리하지 않으면 한 달만에 지저분한 집이 되듯 브랜딩도 마찬가지다. 관리하지 않으면 쌓아놓은 이미지는 한순간에 추락한다.

나의 가치가 어느 순간에 치솟아 올라 유명세를 타는 일이 일어날 수 있지만, 사람들의 관심을 그대로 잡아두는 것은 어려운 일이다. 누구나 주목을 받게 되면 자신을 객관적으로 바라보지 못하고 자만심에 빠지거나 무리한 욕심을 부려 어렵게 쌓은 이미지를 무너트리게 되기도 한다. 그래서 나의 가치를 인정받을수록 겸손하고 정해진 원칙에 따라서 행동하는 것이 필요하다.

가끔 작은 화분이나 나무를 선물 받을 때가 있다. 너무 예쁘고 소중한 선물이지만 관리하기가 여간 어려운 일이 아니다. 나무 하나를 키우려면 땅을 고르고, 씨앗을 심고, 물을 주고, 오랫동안 관리해야 한다. 잠시라도 소홀하면 나무는 자라지 못하고 썩거나 말라 죽는다.

브랜드도 마찬가지다. 나무를 키우는 일과 같다. 처음 씨앗을 심던 그 마음 그대로 정성을 다해 관리해야 무럭무럭 자라고 생명이 유지된다.

꽃이 피지 않거나 나무가 곧게 자라지 않는다고 해서 버리거나 포기해서는 안 된다. 늦게 피는 꽃도 있는 법이고, 옆으로 자라는 나무도 있다. 내 기대와 다르게 자란다고 해서 실망할 필요도 없다. 내가 키우는 나무의 특성이 무엇인지를 관심있게 보면서 특성에 맞게 키우면 되는 일이다.

나의 가치를 성장시켜줄 브랜드를 잘 관리하려면 어떻게 해야 할까? 우선 나의 가치가 무엇인지를 명확히 정의해보자. 옳다고 믿었던 것들도 주변 환경이 변하면 더 이상 옳은 것이 아니게 될 수 있고, 너무 흔해서 아무도 쳐다보지 않는 것이 될 수도 있다.

내가 생각하는 가치가 여전히 사람들에게도 영향을 줄 만큼 의미가 있는지를 항상 생각해보자. 만약 그만큼의 빛을 내고 있지 못한다면 나의 전문성을 높여줄, 나의 장점을 더욱 부각시켜 줄 또 다른 무언가를 찾아야 한다.

퍼스널 브랜드도 마케팅의 STP 전략을 적용해보면 좋다. STP는 Segmentation, Targeting, Positioning을 의미한다. 인간은 신이 아니기에 모든 것을 다 잘할 수 없다. 나의 가치는 어떤 분류에 속할 것인가를 명확히 하고, 그 가치가 필요한 타깃층을 명확히 해야 한다. 그리고 비슷한 가치를 제공하는 사람들과 비교해서 어떤 차별점을 가져갈지를 정의한 다음 사람들의 머릿속에 자리를 잡는, 즉 포지셔닝하는 것이다.

대한민국 교육환경의 문제일까? 내 주변에는 이상하게도 내가 어떤 사람인지, 어떤 일을 하고 싶어 하는지를 모르는 사람이 유난히 많은 것 같다. 자신에 대해 정의를 내리기 어렵다면 주변 사람들을 통해서라도 나의 가치를 발견해보는 것은 어떨까? 내가 생각하는 나와 남이 생각하는 나는 분명히 다르다. 진정한 나의 가치를 발견하고 발전시키려면 다른 사람들의 의견을 참고해서 내 가치를 꾸준히 확인하고 관리할 필요가 있다.

잘 만들어진 브랜드는 위기에 강하다. 남들에게 없는 가치를 줄 수 있는 사람으로 포지셔닝하면 나의 브랜드 가치는 어떤 상황에서도 내려가지 않는다. 독보적인 영향력을 줄 수 있는 사람이라면 브랜드의 수명은 길어진다. 한번 각인이 되면 언제나 나를 먼저 떠올리고 나를 먼저 찾게 되는 것이다.

천재 농구선수, 골프 여제, 피겨퀸 하면 떠오르는 사람이 있듯, 그 사람을 떠올릴 수 있는 단어가 분명하다면, 그 브랜드의 가치를 뛰어넘는 새로운 존재가 나타나기 전까지 그 브랜드는 사람들의 머릿속에 영원히 남는 법이다.

또한 성공적인 브랜딩을 위해서는 외모 관리도 필요하다. 외모라고 해서 생김새를 의미하는 것은 아니다. 본인의 직업적 특성에 맞는 이미지를 관리해야 한다는 의미다.

컨설턴트라면 말끔한 정장 또는 스마트한 캐주얼 복장이 적합할 것이고, 패션 디자이너라면 최신 트렌드에 맞는 의상이나 본인의 특성을 나타낼 수 있는 컬러와 매치해서 이미지를 만드는 것이 좋을 것이다.

명함을 만들 때 회사의 로고와 컬러, 폰트까지 고심해서 만드는 것처럼 나의 외적인 이미지는 곧 '나'라는 사람을 떠올리게 하는 브랜딩 요소다. 사람에게 첫인상이 중요하듯, 시각적인 브랜딩 요소를 통해 나를 표현하는 일에도 신경을 쓰도록 하자. 직업에 따라 깔끔하고 신뢰감을 주는 이미지, 혹은 패셔너블한 이미지로 자연스럽게 나의 '직업'이 떠오르게 하는 외적인 이미지를 만드는 것이 좋다.

브랜드 이미지 관리를 위해서는 다양한 채널을 활용하는 것도 필요하다. 개인 브랜드를 구축하는 데는 책을 집필하고 강의를 하는 일도 도움이 된다. 개인의 책이 출판되고 나면 네이버 인물검색도 등록할 수 있다. 내 이름을 검색하면 최상단에 사진과 함께 내 프로필이 나타날 수 있는 것이다.

개인을 나타낼 수 있는 SNS 채널들을 운영하는 것도 중요하다. 말그대로 디지털 마케팅 시대인데 개인 채널 하나 없이 퍼스널 브랜딩을 완성하기란 어렵다. 요즘은 유튜브 채널을 통해 퍼스널 브랜딩을 탄탄히 만들어나가는 사람들이 늘어나고 있다. 누구나 유튜브 채널을 개설해서 자신의 전문지식을 자랑하고, 그 채널을 통해 유명세를 타서 방송에 모습을 드러내기도 한다.

블로그든, SNS든, 유튜브든 채널을 만들어서 나만의 콘텐츠를 만들다 보면 전문지식이 더 빠르게 쌓여간다. 그냥 생각만 하던 것과 그 생각을 정리해서 올리고 남에게 설명한다는 것은 다르다. 나만의 콘텐츠가 쌓여간다는 것은 그 자체로 브랜드의 가치가 탄탄해진다는 의미다.

일하기도 바쁜데 언제 그런 채널을 운영하냐고 생각할 수 있겠지만, 그러한 노력이 쌓여 스카웃 제의도 받고 인터뷰나 강의 요청들 들어오는 것을 보면 시간과 노력을 투자할 만한 가치가 있다고 생각된다. 예상치 못한 기회가 찾아오고 그 기회로 인해 인생이 바뀌는 사람들도 많다. 그 채널이 곧 나의 브랜드 관리 채널이 되고 소중한 브랜드 자산이 될 것이다.

공인이 아니더라도 우리는 누구나 자신만의 포트폴리오를 만들고 여러 채널을 통해서 자신을 알리는 것이 당연한 세상이 되었다. 잘 모르는 사람이라도 누구나 연결과 소통이 가능해진 세상이다. 어느 나라에서 어떤 일로 나에게 기회가 주어질지 모르는 일이다. 나의 가치를 차곡차곡 채널들에 쌓아나가는 것만으로도 내가 필요한 사람들이 스스로 찾아와 연락할 수 있는 세상이라니 이렇게 좋은 기회가 또 어디 있을까?

그리고 한번 구축된 브랜드는 확장도 가능하다. '부캐'가 유행이듯

멀티 브랜드를 만드는 것도 좋다. 마케팅 전문가로 브랜딩을 했지만, 데이터 기반의 마케팅 분야를 강조해서 데이터 전문가로도 브랜딩을 할 수 있는 것처럼 꼭 하나의 브랜드로만 나의 가치를 설명할 필요는 없다. 기업의 브랜드 관리 전략에도 단일 브랜드, 패밀리 브랜드, 독립 브랜드, 엄브렐라 브랜드(Umbrella Brand)구축 방법이 있듯, 개인도 이러한 브랜드 관리 전략을 일부 적용시킬 수 있는 것이다.

'직장'이 아닌 '직업'이 중요한 시대가 되었다. 나의 장점과 가치를 다른 사람에게 알리고 나를 필요하게 만들어야 한다. 대체 불가한 브랜드를 만들고 꾸준히 관리해서 성공의 문에 남들보다 더 빠르게 다가가도록 하자.

07

당신도 가장 높은 곳에서
시작할 수 있다

직장인이라면 누구나 한 번쯤 '나는 언제 임원이 되지?' 또는 '나는 언제 억대 연봉자가 되지?'라는 생각을 한다. 대부분 사회생활에 조금씩 적응이 되는 대리, 과장급 때부터 미래에 대한 고민을 시작하게 된다. 하지만 높은 자리로 올라가는 사람들은 나와 무엇이 다른지, 나는 어떤 노력을 해야 저 높은 자리까지 올라갈 수 있는 것인지 생각하면 까마득하게 멀게만 느껴질 뿐이다.

높은 자리에 오른 사람들은 무엇이 다른 것일까? 그 자리에 오르는 데 필요한 것은 개인의 능력이 전부는 아니다. 특정 분야에 전문성을 가진 사람이라면 그 분야의 전문가는 될 수 있지만, 회사에서 승진하는 사람이 되는 것은 아니다.

승진하는 사람은 대부분 모든 업무를 두루두루 잘하는 통합적 사고능력이 좋은 사람이다. 그러나 아무리 개인의 능력이 뛰어나도 모두 승진하지는 않는다. 한 기업의 임원이 되려면 개인의 삶 중 어느 하나, 또는 하나 이상은 포기하고 헌신해야만 한다.

개인의 삶을 포기하지 않고 능력으로만 오를 수 있는 자리는 부장 급 정도일 뿐이다. 안타까운 사실은 개인의 삶을 포기해도 반드시 임원이 되는 것은 아니라는 것이다. 그럼에도 불구하고 아직도 많은 직장인은 임원이 되는 꿈을 꾼다.

임원이 뭐라고 개인의 삶까지 포기해야 하는 것일까? 임원이 되면 남은 인생 걱정이 없을 만큼 부와 명예를 모두 거머쥐기라도 하는 것일까? 당연히 아니다. 직장에서의 승진이 성공을 보장해주는 시대는 이제 더 이상 아니다. 어느 조직에 속하든 속하지 않든 나만의 무기를 가지고 개인이 빛나도록 해야 한다.

남들이 인정해주는 사람이 되어야 성공하는 것이라고 세상의 요구에 무조건 따를 필요는 없다. 우리는 종종 사회가 정해진 규칙대로 움직이는 것이 옳다고 생각한다. 하지만 그 규칙만 따르다 보면 결국 '나'는 없고, 매일 쳇바퀴처럼 움직이는 수많은 사람 중 하나가 될 뿐이다. 반드시 '승진'이 목표일 필요도 없다. 이제 더 이상 임원이 성공의 척도는 아니다. '승진'과 '성공'은 엄연히 다른 의미니까.

세상이 정한 규칙 말고, 나 스스로 규칙을 정하고 사람들이 따르게 하는 것은 어떨까? 남들이 만들어놓은 규칙만 따르면 아무도 나를 인지하지 못한다. 때로는 규칙을 깨거나 새로운 규칙을 제시하는 것이 사람들이 나를 인지하게 만들고 내가 제시한 기준으로 나를 평가하게 만들 수 있다. 물론 그 규칙이 나만을 위한 것이어서는 안 될 것이다. 내가 만든 세상에 없던 새로운 규칙이어야 할 뿐, 이기적인 규칙이어서는 안 된다. 상대가 나와 함께할 수 있는 협력할 수 있는 규칙이어야 동참하는 사람들이 생길 것이다.

조직에 순응하는 것이 더 이상 직장인의 미덕은 아니다. 나는 그동안 조직 순응자, 그야말로 '착한 직장인'이 되는 것이 옳다고 믿어왔다. 하지만 결과는 내가 생각한 것과 늘 달랐다. 착하기만 한 조직 순응자는 조직의 부품에서 벗어날 수 없다. 누군가의 목적을 위해 일하는 사람으로 영원히 남을 뿐이다.

'학습된 무기력'이라는 이론이 있다. 심리학자 마틴 셀리그만(Martin Seligman)이 제시한 이론으로 도피할 수 없는 상황에 있으면서 실패나 좌절을 경험하면 나중에 도피할 수 있는 상황에서 비슷한 부정적인 경험을 할 때조차 아무리 노력해도 다시 실패할 것이라는 생각을 떨치지 못한다는 이론이다. 사람은 너무 오랫동안 순응하며 지내면 학습된 무기력 때문에 좋은 기회가 와도 붙잡기 어렵게 된다.

남들이 시키는 대로 일하다 보면 나의 가치관이 사라진다. 어느 날 갑자기 '그래서 당신은 어떤 일을 하고 싶나요?'라고 물었을 때 아무런 답도 못 하는 무기력하고 무능한 사람이 되어버릴 뿐이다. 아무리 도전적이고 사고의 자유가 보장된 과제를 부여받아도 순응이 익숙해진 사람은 조직이 시키는 대로만 움직이게 되는 것이다.

조직이 원하는 '프로세스'를 따르는 것은 물론 필요한 일이지만, 분명 주어진 일만을 처리하는 것이 회사에서 원하는 것은 아닐 것이다. 회사는 주체적으로 업무를 제안하고 추진하면서 사람들을 이끌어갈 수 있는 사람을 원한다.

아무리 보수적인 조직이라 하더라도 새로운 길을 개척하고자 하는 사람에게 한 걸음도 나아가지 못하게 통제를 하지는 않는다. 어떤 길을 가려고 하는지 질문하고 방법론적인 제재를 가할 수는 있겠지만 못 가게 막는 일은 없다. 부딪혀보지도 않고 무기력하게 대응하는 사람이 되어서는 안 된다.

사회는 우리에게 일방적인 희생을 강요할 때가 많다. 그러므로 규칙을 따르며 일하는 게 힘들고 대가를 받아야 한다고 생각한다. 하지만 관점을 바꿀 필요가 있다. 내가 하고 있는 일이 누군가의 성공을 돕는 일이고, 그것이 나의 성공이기도 하다고 생각해보면 어떨까?

내 일의 가치를 나의 이기적인 목표를 위한 것이 아닌 공동의 목표로 만드는 순간 우리는 함께할 수 있는 사람들을 많이 확보할 수 있다. 그들은 나의 가치를 따르는 사람들이 되고, 나의 추종자가 될 수 있다. 지금 현재 조직에서 부여한 나의 타이틀이 무엇이든 나를 따르는 사람들이 많다면 나의 시작은 이미 남들과 다를 수 있다. 남들과는 다른 높은 위치에서 일을 시작할 수 있다.

높은 곳에 오르는 꿈과 계획을 갖는 것은 꼭 필요한 일이다. 그리고 그 꿈이 막연한 것이 되지 않으려면 일단 무엇이라도 시작해야 한다. 처음부터 내 마음에 완벽하게 드는 자리는 없다. 나에게 주어진 자리에서부터 차곡차곡 쌓아나가야 좋은 기회가 온다. 처음부터 왕으로 태어날 수 있는 시대는 아니다.

내가 원하는 조건이 아니라며 처음부터 일을 가려서 하는 것보다는 어떤 일이든 부딪히면서 경험을 쌓아야 한다. 가능한 많은 경험을 해보는 것이 좋다. 경험은 돈으로 살 수 없는 소중한 성공의 자산이 된다. 경험이 쌓이면 세상을 보는 시각도 달라진다. 단순히 공부를 통해 쌓은 지식으로는 세상을 온전히 이해할 수 없다. 경험으로 쌓은 지식은 복합적인 사고를 가능하게 하고, 세상이 어떻게 변화되고 있는지 그 흐름, 맥락을 빠르게 파악할 수 있게 한다.

남들과 다른 위치에서 일을 시작하고 싶다면 늘 깨어있어야 한다. 위험부담이 있는 일은 피하고 워라밸에 만족하는 삶을 추구해서는 안 된다. 내 일에 자부심을 가지고 적극적으로 나를 이끌어갈 동기부여, 즉 목표를 항상 기억하자.

남들이 가지 않는 길도 두려움 없이 나아가는 용기도 필요하다. 돌다리를 두들겨보는 것은 좋지만 두들기기만 하고 나아가지 못하는 사람은 평생 남들의 뒤에 서 있을 뿐이다.

그리고 늘 가던 길로 안전하게 가려는 습관은 버리도록 하자. 같은 목적지를 가더라도 늘 새로운 길을 찾는 연습을 조금씩 해보자. 낯섦은 사고의 전환과 창의적인 발상을 하는 데 많은 도움이 된다. 같은 공간만 반복해서 움직이는 삶은 결국 우물 안 개구리처럼 시야를 좁게 만든다.

내가 원하는 위치에 올랐을 때 나는 어떤 사람이고 싶은가? 품위 있는 성공한 사업가? 지식과 인격을 갖춘 대기업 임원? 높은 자리에 있는 사람은 많은 사람의 주목을 받는다. 사소한 말 하나, 행동 하나에도 구설수에 오르기 쉽다. 지위와 품격을 모두 갖추고 싶다면 성공의 대열에 들어서기 전부터 인격을 쌓는 일에 소홀히 하지 말아야 한다. '그 자리에 가더니 사람이 변했네'라는 소리는 듣지 않도록 매사 사소한 일에도 주의를 기울이는 것이 좋다.

높이 올라가는 것은 인고의 시간이 필요하지만, 내려오는 것은 순간이다. 한 번의 실수만으로도 하루아침에 추락할 수 있다. 매 순간순간 부끄럽지 않도록 매일 자신을 단속하는 일을 게을리하지 말자.

또한, 높은 지위에 있는 사람들과 교류하는 자리도 많이 참여하는 것이 좋다. 그들을 가까이하며 그들의 습관, 태도 등을 자연스럽게 접함으로써 그들만의 노하우를 더 빨리 알 수 있게 되고, 성공의 습관이 몸에 배어 더 빨리 성공의 자리에 오를 수 있다. 나도 모르게 그들과 동화되어 성공한 사람들의 DNA를 갖게 되는 것이다. 그리고 나만의 가치를 발견하고 그 가치를 세상에 알리는 연습을 끊임없이 하자. 우리는 누구나 높은 곳에 오를 자격이 있다.

5장

최고의 기업이
당신을 선택하게 하는 비결

제1판 1쇄 2022년 4월 15일

지은이   한근주
펴낸이   서정희   **펴낸곳**   매경출판(주)
기획제작   ㈜두드림미디어
책임편집   이향선   **디자인**   얼앤똘비악earl_tolbiac@naver.com
마케팅   강윤현, 이진희, 장하라

매경출판㈜
등록 2003년 4월 24일(No. 2-3759)
주소 (04557) 서울시 중구 충무로 2(필동1가) 매일경제 별관 2층 매경출판㈜
홈페이지 www.mkbook.co.kr
전화 02)333-3577
이메일 dodreamedia@naver.com(원고 투고 및 출판 관련 문의)
인쇄·제본 ㈜M-print   031)8071-0961
ISBN 979-11-6484-390-9 (03320)